浙江省哲学社会科学规划课题
"博物馆创客空间设计与游戏化学习研究"
(17NDJC199YB)

虚实融合的场馆学习与文化传承

郭玉清　杨玉辉　苏建元　著

ZHEJIANG UNIVERSITY PRESS
浙江大学出版社

前　言

博物馆承载着人类文化传承、社会教育、科学普及的使命，是支持终身学习的重要组成部分。随着信息技术的飞速发展，虚拟现实、增强现实、移动设备等技术在博物馆中的应用越来越广泛，极大地拓展了博物馆的教育形式。虚实融合的学习环境使传统的博物馆打破长久以来时间与空间的限制，为学习者创设了一个真实的、支持性的文化境脉。

如何运用信息技术已经成为全球范围内博物馆设计中必不可缺的部分，技术支持的教学设计方式在博物馆建设中日益流行，例如，通过便携设备实现泛在学习的设计，借助游戏与游戏化设计增强学习者的兴趣与投入度，建立博物馆创客空间来吸引学习者在动手制作的过程中学习。本书对国内外博物馆中的相关案例进行了介绍与分析，以期为耕耘在博物馆学习促进文化传承领域的研究者提供灵感与思路。

本书共由 8 章构成：第 1 章为信息时代的科学与文化传播，内容包括信息传播与信息革命、网络传播时代及网络时代学习特点、技术带来的困惑等；第 2 章围绕博物馆承载的文化使命展开，探讨了数字鸿沟与教育公平、博物馆的信息化等议题；第 3 章介绍新技术与数字博物馆及数字博物馆的典型案例；第 4 章讨论了博物馆中的非正式学习，包括博物馆学习发生的条件及信息时代博物馆学习的主要特征、博物馆学习对文化传承的促进作用、博物馆学习的核心素养与多元目标、相关典型案例及其分析等；第 5 章介绍了博物馆中的创客教育，内容包括创客与创新教育、博物馆中的创客空间、博物馆创客教学设计案例等；第 6 章介绍了博物馆中的游戏与游戏化，包括严肃游戏与游戏化、博物馆游戏化学习应用、典型案例的介绍及分析等；第

7 章分析了博物馆学习创新应用案例;第 8 章探讨了虚实融合的博物馆学习环境及其评价。

本书是浙江大学教育技术研究团队的系列成果之一,前期成果包括《虚实融合环境下的适应性学习研究》(浙江大学出版社,2014)与《虚实融合环境下的非正式学习研究》(浙江大学出版社,2018)等。

本书是浙江省哲学社会科学规划课题"博物馆创客空间设计与游戏化学习研究(17NDJC199YB)"的研究成果,本项目研究团队成员包括:郑颖、卢季銮、陈新亚、陈逸煊、张宇灵、黄健、欧阳璠、耿凤基。在此向他们表示诚挚的感谢!

书中存在的问题与不足之处,恳请广大读者与教育技术同仁们不吝雅正。

目　录

第 1 章 信息时代的科学与文化传播

1.1 信息传播与信息革命

汉语中的"传播"一词,其中"传"有"递、送、交、运、给、表达"等多种动态的意义,"播"有扩散之意。"传播"译自英语 communication,communication 源自拉丁语 communis(community)。该词的中文意思可以有十几种解释,如:交往、交流、交通、通信、传播等。所谓传播,即社会信息的传递或社会信息系统的运行(郭庆光,2011)。

传播的定义据统计有 126 种之多,它们有着各自的角度与侧重,例如,强调信息的共享性,强调信息交流的互动过程,强调社会信息系统的运行,强调社会关系的体现。但无论是从哪个角度对传播下定义,其基本含义均为"与他人建立共同的意识"。在传播学中,该词被定义为:传播是带有社会性、共同性的人类信息交流的行为和活动(李春会,2011)。

传播的构成要素包括基本要素与隐含要素。其中基本要素包括:信源、信宿、信息、媒介、信道、反馈。隐含要素包括:时空环境、心理因素、文化背景和信息质量(李春会,2011)。

信息又是如何传播的呢? 人类历史上经历了五次信息革命,也有人将网络的普及定义为第六次信息革命:

• 第一次是语言的使用,语言成为人类进行思想交流和信息传播不可缺少的工具(时间:后巴别塔时代);

- 第二次是文字的出现和使用,使人类对信息的保存和传播取得重大突破,较大地突破了时间和地域的局限(时间:铁器时代,约公元前14世纪);
- 第三次是印刷术的发明和使用,使书籍、报刊成为重要的信息储存和传播的媒体(时间:6世纪中国隋代开始有雕版印刷,近代印刷术至15世纪才臻于完善);
- 第四次是电话、广播、电视的使用,使人类进入利用电磁波传播信息的时代(时间:19世纪);
- 第五次是计算机与互联网的使用,即网际网络的出现(时间:以1946年电子计算机的问世为标志)(金鹏飞,2011)。也有人将本阶段划分为五、六两个阶段,认为20世纪90年代末互联网的普及是另一个新纪元的开始。

大众传播,又称为公共传播,其特点是双向性、共享性、快速性、广泛性。1945年11月16日,在伦敦发表的联合国教科文组织(UNESCO)宪章中,曾经这样写道:"为用一切mass communication手段增进各国之间的相互了解而协同努力。"其中的mass communication一词就被翻译为"大众传播"(专指报纸、广播、电视、网络等媒体,所以,这些媒体也就被统称为"大众传播媒体",简称大众传媒)(李春会,2011)。1998年,联合国新闻委员会将互联网列为继报刊、广播、电视之后的第四媒体,它是新型媒体,具有数字化、多媒体、及时性和交互性的独特优势。

综上所述,信息技术的应用,使人类知识得以迅速传播、积累、分析、组合、存储以及再现,从而使得信息的增长速度极为迅猛,形成信息爆炸(张岩峰,2015)。由此可见,信息技术的运用对教育与文化传播的影响是巨大的,但是其影响同时存在积极与消极两个方面。

1.2　网络传播时代

1.2.1　万维网的推动

1958年,美国国会批准成立"国防部高级研究计划署"(Advanced

Research Project Agency，ARPA），以推进国防科技建设，并于 1969 年实现了 4 台计算机的异地信息交换，互联网的原型 ARPANET 就此诞生。20 世纪 80 年代，美国科学基金会（National Science Foundation，NSF）建立了 6 个超级计算中心，开始共享起初由军方向少数人提供的计算设施，使大学机构可以访问。后来 NSFNET 发展成为互联网的主干网。

我国于 1986 年启动了 CANET（中国学术网）的国际联网项目。1989 年，通过中国公用分组交换数据网（CHINAPAC）实现了中国科学院各个研究所之间的电子邮件连接。1990 年，实现了与互联网的电子邮件连接。同年，中国政府正式制定并向互联网信息中心登记了我国的顶级域名".cn"，并通过该域名下的电子邮件提供服务。1994 年，中国科学网首次实现与互联网的直接连接，同时获准注册 CN 下的域名。

1994 年 8 月，中国公用计算机互联网（CHINANET）在各大城市建立节点，并在 1995 年 5 月 17 日"世界电信日"宣布，面向社会各界开放此项业务，提供互联网服务。此后，政府为推进互联网发展，先后批准中国科学技术网络、中国公用计算机互联网、中国教育和科研计算机网、中国金桥信息网等网络的建设。

纵观上述网络发展历程可以发现，互联网的产生是由于军事技术的需要，而后学术界的科研要求推动了互联网的发展。计算机网络通信技术的迅猛发展，使得互联网走入了寻常百姓家。时至今日，互联网已经大大改变了人们的生活方式、学习方式和工作方式，它的开放性大大提升了人们的生活和生产效率，互联网成为人类必不可少的工具。

1.2.2   技术扩大了信息的影响力

随着博客（Blog）、电子公告栏（BBS）、维基（Wiki）等社会化工具的兴起，人们不再满足于简单的信息获取，网络工具越来越重视个性化、社会化和自组织，互联网变为以交互为中心的形态。Web 2.0 的特点是信息源广泛化，人人都可以成为信息的生产者。互联网变得可读可写，信息内容逐渐草根化，用户可以随时随地将个人化的信息发布在网络上。它带来的传播领域的革新（尹章池等，2013），包括如下方面：

- 传播思想的革新：美国心理学家米尔格拉姆（Milgram）提出了六度

3

分隔理论,认为最多通过 6 个人就能认识任何一个陌生人。Web 2.0 将六度分隔理论应用于信息传播,通过人与人的信息交流,拉近了全球范围内人与人的距离,例如脸书网(Facebook)、领英网(Linkin)等典型应用。

• 传播内容的革新:Web 2.0 扩大了信息源,所有人都能成为信息的发布者。Web 2.0 时代的信息比 Web 1.0 时代更繁杂,也带来了虚假信息、信息过载、网络犯罪等一系列负面问题。

• 信息接收者的变化:Web 2.0 的去中心化强调了信息的个性化,信息管理者不再追求信息数量,而是更加重视不同信息接收者的个性化需求。

由于纸质书本流通速度慢,需要较长时间才会被广泛阅读。而基于技术的传播非常迅速,一夜之间全国人民都在谈论同一件新闻。技术改变的仅仅是速度与受众面吗? 在强有力的技术支撑下,信息传播的威力会有多大?

著名作家冯骥才先生在谈到鲁迅先生时曾说,鲁迅写的小说作品最少,但影响最巨大。奇迹的根由,是他独特的文化视角,即国民批判性。而这视角源自西方人的东方观。西方人的东方观起源于 1840 年以来的西方传教士。随着 19 世纪摄影技术的发明,首批反映清朝末年中国人形象的摄影作品被带回西方。西方传教士的视角埋伏着西方霸权主义的话语,并带着以优等人自居的歧视性目光。加之清朝末年,国运衰微,民不聊生,所以当时的作品大多表现了国人被奴役的、陈旧落后的形象。照片中的中国人大部分是瘦小的、压抑的、灰头土脸乃至垂头丧气的形象。这些照片展示在西方人面前时,对西方人的东方观的塑造造成了一定影响。

时至 21 世纪,100 多年过去了,中国出现了部分小众的"文化电影",在西方获得了前所未有的称许,随之便是捧回各种世界级亮闪闪的奖牌。电影中的国人形象性格怪异、诡秘、压抑,与各种阴影生活在一起。这种电影之所以为西方所叫好,恰恰是由于它们的思想背景巧合地印证了西方由来已久的文化偏见。对于西方人来说,他们的东方观总是与早期形成的观点一脉相承,遥远又密切地联系着。这早已经是一种固定不变的成见(冯骥才,2000)。

因摄影技术的发明而在东方摄制的首批照片,能够影响西方近 200 年的东方观。可见以技术为载体的传播,其影响力之广大和深远。目光再回到当今社会,大家可以在一夜之间谈论同一个八卦信息,也可以在一夜之间对某人进行人肉搜索和人格谋杀,这方面的例子,在我们的生活中时时刻刻发生着。由此可见,基于信息通信技术的信息、文化、科学传播,必须相当谨慎,且要基于健康的观念和正确的方法,否则它带来的负面影响必将是巨大而持久的。

1.3　网络时代学习特点

网络时代,居于优势地位的是不同的两代人:"千禧一代"和"数字土著"。"千禧一代"进入数字世界时基本上是成年人,而"数字土著"是少年,其余人属于"数字移民"。已经人过中年却拒绝使用新技术的,被戏称为"数字恐龙"。

"数字移民"的学习特点与"数字土著"有何不同?相关研究归纳为以下几个方面(表 1-1):

表 1-1　"数字土著"和"数字移民"的学习特点区分

"数字土著"	"数字移民"
喜欢从多种多媒体资源中快速获取信息	喜欢从少量的资源中缓慢有控制地获取信息
喜欢多线程处理或者多任务处理	喜欢单线程处理或者单任务处理
比起文本,更喜欢处理图片、声音或者视频	喜欢在图片、声音和视频前,先获取文本信息
喜欢随机访问超链接的多媒体信息	喜欢连续地获取持续深入、有逻辑的信息
喜欢同时与多人进行网络交流	喜欢独立学习,而不是进行网络交流
更喜欢"及时性"学习	更喜欢"预先性"学习
更喜欢"及时性"满足和直接奖励	可接受延迟性满足和延迟奖励
更喜欢学习相关、即时、有用和有趣的信息	更喜欢按照课程要求上课和接受标准化测试

- "数字土著"更喜欢多媒体信息,视频、图片以及能让他们一下子就抓住要点的学习资源,也许是因为他们太忙了,最好能在一秒钟内表达发生了什么。

- "数字土著"更习惯多任务、多线程的工作,而"数字移民"喜欢单线程、深入性的思考；

• "数字土著"习惯带有图片、声音、视频等感官刺激的学习资源；

• "数字土著"喜欢与其他人合作，喜欢临时去学习需要的知识，而不是事前准备好这些知识；

• "数字土著"更喜欢及时反馈和鼓励与奖励，更喜欢有趣的学习方式，例如游戏。

1.4　技术带来的困惑

1.4.1　信息过载与负能量

上节讨论了网络在信息传播中的巨大优势与力量，既然如此，那么利用网络实现文化与科学技能的传播，不是很容易的事情吗？只要把相应内容放到网络，大家各取所需即可。但是，如果没有适当的方法，结果可能适得其反。例如，令大家困惑或产生障碍的，不是网络上缺少数据，而是数据冗余的问题；不是得不到信息，而是信息过载的问题。

信息过载是指社会信息超过了个人或系统所能接受、处理或有效利用的范围，并导致故障的状况。在此我们讨论的是与人相关的文化与科学传播问题，因此聚焦于信息对人的影响。网络时代为何很多人出现信息过载的状况？应该如何解决？

（1）信息过载现象

• 信息总量的扩张：据统计，20 世纪 60 年代信息总量约为 72 亿字符，80 年代约为 500 万亿字符，1995 年的信息总量是 1985 年的 2400 倍。知识成倍增长的速度越来越快，如人类科学知识在 19 世纪是每 50 年增加一倍，到 20 世纪中期增加一倍的时间约为 10 年，20 世纪 80 年代已经是每 3 年增加一倍。信息资源的开发范围扩大，物质信息采集从宏观（天体、宇宙）向微观（粒子、基因）纵深发展，经济、社会信息随着经济活动加剧得到空前的开发，信息资源总量呈爆炸式增长（蔺丰奇等，2007）。

- 信息的重复性：电子资源具备易编辑、复制及传播等特性，使得同一份信息可以通过多种不同方式快速传播，使人们可能在短时间内增加信息接收的频次。传播渠道无处不在：电视、电脑、手机。更严重的是，分众传媒、地铁、公交车、建筑物的电子广告屏等强迫信息消费的形式，造成了信息密集化，尤其是垃圾信息密集化，与其说为人们提供了快速获取信息的渠道，不如说以垃圾信息污染了人类共同的网络环境。这些无疑会造成信息过载。

- 信息传播中存在缺陷：人们有意或无意地歪曲信息、制造或传播垃圾信息和引发负面情绪的信息等行为，被称为信息环境中的噪声。对科技的过度依赖，使得人们相信信息越多越好，从而忽视了信息的品质。

- 信息强迫与缺乏信息处理能力：在搜集、处理信息时，个体强迫自己去了解全面的信息，害怕信息被遗漏，使信息选择面临压力和困难。研究人员认为，现代人在搜集信息时很少思考哪些信息是需要获取的，哪些是无用的，由此将许多记忆空间耗费于无用信息的吸收。

- 职业与工作性质：研究表明，信息过载现象与职业性质和工作环境密不可分。从过程的观点来看，信息过载可能同工作过程中的诸多变量相关。

人们接收了太多信息，却无法进行有效的整合、组织及内化，以至于影响到人们的工作、生活以及人际关系等。受众对信息反应的速度远远低于信息传播的速度；大众媒介中的信息量远远高于受众所能消费、承受或需要的信息量，大量冗余信息严重干扰了受众对必要信息选择的准确性（刘炬航，2008）。

（2）信息过载的负面影响

信息过载会让人们感到烦躁。因为面对大量的信息，我们有时会不知从何开始从何结束，当这些信息被阅读完毕，新的信息又来了。同时，信息内容的重复亦会增加我们的烦躁感。一旦出现信息强迫现象，在信息过少的时候，会感觉与世界脱节，产生焦虑心理，进而想方设法获取更多信息。久而久之，信息量激增，重新产生信息过载的烦躁（王炎龙，2009）。

Wheelwright et al. 认为，信息过载会影响交换和处理信息的速度和个人工作的专注程度,因此可能会对个人完成任务的效率和质量产生负面影响,导致决策和工作效率低下(Kock,2000)。信息过载对个人最大的影响是压力增加,且产生心理、生理及社会方面的问题。比如造成社会成员之间的疏离、爱心与同情心的枯竭、自我教育能力的下降等问题(蔺丰奇等,2007)。

面对过度的刺激,重要的信息和不重要的信息之间的界限非常容易模糊。社会和个人都会发展出一定的心理机制,以保护自己不受信息过载的影响。这种机制既有保护作用,同时也有一定的危害。面临处理过多数据的压力,个人可能会采取"心理旷工"(psychological absenteeism)的方式以躲避责任和决策,将自己与现实隔离开来,通过追求各种感官的满足来替代理解。正如眼睛的瞳孔因为强光而缩小一样,心灵的感受器也因为过多的信息而缩小(王娜等,2016)。

(3)预防信息过载的措施

有很多技术与方法可以避免信息过载的现象。信息过载产生的主要原因是信息缺乏有效的组织。以用户为中心设计的、简练有效的"信息架构"等技术,可以减轻认知负担。信息过滤与信息推送技术,通过识别用户个性化信息需求以及个性化学习特征等,建立用户需求模型,进行符合用户特点的信息推送,再利用反馈机制,不断改进需求模型,能够持续改善信息过滤的效果。运用智能代理,提供网络信息检索服务。智能代理通过感知、学习、推理及行动,在基于知识库的训练后模仿人类社会的行为,自动检索大量数据,探寻事件模式,提供简单易懂的信息分析,提高个人和系统的工作效率,并能推测出用户的意图,自主制订、调整和执行工作计划,已经成为解决信息过载问题的有效途径之一。

信息架构、信息过滤以及智能代理技术,是科学与文化领域传播教育资源的有效技术手段,后文中将详细阐述相关技术。

1.4.2 碎片化与多任务

我们每天接收的来自网络、电视、手机的信息往往具备以下特征:信息来自一些事实的集合而非逻辑结构,其往往简化了推演过程,将多路径简化为单一路径,不够严谨全面(刘诗,2016)。这些就是碎片化特征。

碎片化的信息达到了易于习得的目的,可以让现代人利用碎片时间来吸收一些简单的知识,通常会大大降低认知成本,但因为缺少联系,这些碎片化的信息极其容易被人遗忘。知识包括"事实"和"联系",事实决定知识广度,而联系决定了知识深度。我们接受碎片化的信息时,扩充了事实,但并没有增加联系(刘诗,2016)。

手机、电脑等带来便利的同时也带来多重打扰,使得我们无法长时间专注于同一项工作。自从互联网融入人们的日常生活,人类就一直关注这样的问题:年轻人是否正在丧失专注力?思想是否变得肤浅和混乱?

1.4.3　娱乐至死与童年消逝

纽约大学教授尼尔·波兹曼(Neil Postman)是当代最重要的传媒文化研究者和批评家之一。他认为,政治、宗教、教育和任何其他公共事务,都不可避免地被电视娱乐化表达方式所定义。公众话语日渐以娱乐的方式出现,并成为一种文化精神。一切文化内容都心甘情愿地成为娱乐的附庸,而且毫无怨言,甚至无声无息,"其结果是我们成了一个娱乐至死的物种"。

波兹曼认为,媒体能够以一种隐蔽却强大的暗示力量来"定义现实世界"。其中媒体的形式极为重要,因为特定的形式会偏好某种特殊的内容,最终会塑造整个文化的特征。这就是所谓"媒体即隐喻"的主要含义(波兹曼,2004)。

在《童年的消逝》面世(1982年)四年之后,波兹曼又出版了《娱乐至死》,其副标题是"演艺时代的公共话语",更为直接而全面地剖析和批判了电视传媒所主导的文化现象。《娱乐至死》以两个著名的"反乌托邦"寓言开篇,一是乔治·奥威尔的《1984》,一是赫胥黎的《美丽新世界》。这是两种典型的文化精神枯萎方式。乔治·奥威尔所担心的强制禁书的律令(观点参见《1984》),是极权主义统治中文化的窒息,是暴政下自由的丧失;而赫胥黎所忧虑的是我们失去禁书的理由,因为没有人还愿意去读书,是文化在欲望的放任中成为庸俗的垃圾,是人们因为娱乐而失去自由。前者恐惧于"我们憎恨的东西会毁掉我们",而后者害怕"我们将毁于我们热爱的东西"。波兹曼相信,奥威尔的预言已经落空,而赫胥黎的预言则可能成为现实,文化将成为一场滑稽戏剧,等待我们的可能是一个娱乐至死的"美丽新世界",在那里"人们感到痛苦的不是他们用笑声代替了思考,而是他们不知道自己为什么笑以及为什么不再思考"(波兹曼,2004)。

如今电脑与互联网技术的迅速发展形成了新的文化传播方式。波兹曼在《童年的消逝》的结尾部分曾经设想,电脑可能是一种延续"童年"的传播技术。因为使用电脑需要学习一种人机对话的语言,要求某种特殊的训练,这将有可能使童年的存在成为必要。但他也指出,这仅仅是一种可能,取决于人们如何对待这种技术——是运用电脑来促进有序的、逻辑严密的和复杂的思维,还是被电脑所利用,被视觉游戏的自娱自乐所吞噬。20年过去了,可视化操作、所见即所得、触屏成为现实,孩子并不需要长期的特殊训练就可以得心应手地使用电脑。我们还有可能幸免于"娱乐至死"的命运吗?意味深长的是,波兹曼自己也曾在互联网上开设论坛,并开展公共讨论。他在回答网友的问题时曾指出,技术的迅猛发展使我们无能为力,但如果对技术发展史与社会心理学有更清醒的理解,就有可能控制技术的滥用,不至于完全被技术摆布(波兹曼,2004)。

也许,文化拯救的希望就在于人类不断的自我反省之中,在于认真聆听波兹曼式的警世危言之中。

1.4.4 时代转折与文化融合

戴维·霍尔在《大转折时代》一书中说:计算机融入生活,被称为人类的第三次浪潮,前两次依次为农业浪潮和工业浪潮。信息时代的开启已经超过35年,在此期间,世界经历了意想不到的转变。戴维·霍尔指出:工具定义农业时代,机器定义工业时代,科技定义信息时代,而观念将定义下一个时代,即转折时代。

互联网的普及加快了人们的互动速度,这使得多领域均出现了持续快速的创新,使得变化的整体速度提高到史无前例的程度,同时也迎来了经济、哲学等多方面的全球化浪潮。

从20世纪到21世纪,文化融合的程度迅速加深。甲壳虫乐队、美国反主流文化运动、日本动漫,都在全世界范围内吸引着众多的追随者。今天,独特的民族文化越来越受到全球文化的挤压。过去被作为国家象征的本土文化和民间文化逐渐沦落为节日表演或摆进博物馆的文化遗产,同时全球文化的流行日益泛滥。

全球文化浪潮正在对民族文化形成冲击。

之前,技术手段或国家、地域的约束在某种程度上限制了文化向国土之外传播。而现在,互联网提供了联通性,各种形式的文化和思潮正在以光速在全世界传播。前景一目了然:我们正在形成全球文化统一体。而这,代表着更多民族文化和思想的消逝。

在我的童年,家乡有许多美丽的文化习俗,例如,过年时特定的剪纸、窗花等,颜色和花样都是特定的艺术设计。还有特定的菜肴样式以及传统服饰等。可惜的是,时至 21 世纪的今天,这些大多消失了,我们这一代很少有人传承这些手艺。我们民族的很多传统文化都被定义为文化遗产,但在此之外的却无声无息地消失了。这些文化遗产、遗迹,是应该永远地留存于博物馆,还是应该复活成为我们生活的一部分呢? 又应该如何使它们复活,重回我们的生活呢? 或者,强大的 ICT 能否帮助我们留存、保护、发扬现存的民族文化? 我们能否利用 ICT,向大众普及科学知识,让大家接受作为 21 世纪的地球人应该具备的科学常识呢? 在下面的章节中,我们将讨论一些方法、案例与相关研究。

第 2 章　博物馆承载的文化使命

2.1　科学与文化传播的发展

前文概述了网络对信息传播的作用及其带来的多重影响。本章中,我们将讨论数字化技术与科学普及、文化传播等概念及其之间的关系。在数字化的基本过程中,信息首先被转变为可度量的数据,再通过这些数据建立模型,转变为二进制代码,引入计算机内部进行统一处理。而将信息数字化,并通过多种形式进行展现的技术称为数字化技术或数字技术,其范围非常广泛。

科学传播,亦称科学普及,是指通过公众易于理解、接受和参与的方式对自然科学和社会科学知识进行普及宣传的活动。科学传播对于公众的社会功能,可以概括为:①提升公众科学素养;②启蒙民主理念;③弘扬科学精神。其中科学素养(scientific literacy)包括对科学知识的基本了解程度、对科学的研究过程和方法的基本了解程度,以及对科学技术,对社会和个人所产生的影响的基本了解程度。

科学传播的功能何在?正如贝尔纳所言:科学为我们提供了满足我们物质需要的手段,也向我们提供了种种思想,使我们能够在社会领域里理解、协调并满足自己的需要。除此之外,科学还能提供意识与思想层面的营养,例如对尚未探索的未来的可能性抱有合理的希望,给我们鼓舞。这种力量正慢慢地演变为左右现代思想和活力的主要动力(吴俊明等,2016)。

所谓科学精神,当然不是指那些具体的科学原理定律,而是指科学所具有的优秀传统,是科学赖以生存发展的生命线。概括地说,科学精神主要包含两方面的内容:一是尊重事实,尊重客观规律;二是大胆探索,追求并坚持真理(陈勇,1997)。

在当今网络时代,利用数字技术进行科学普及已然成为重要领域。我们可以从不同阶段的科学传播形式来分析网络时代的科学传播特点。

2.1.1　口语传播阶段的科学传播

在人类发展的初期,科学技术尚处于萌芽阶段,技术远比科学产生得早,那么早期的技术通过何种媒介传播呢?

在早期,沟通传递的关系发展出了语言,语言是传递技术的主要媒介。以口语传播为主的技术传播方法是非常简单的,通常以模仿、师徒、手工业式的方式进行,以一传十、十传百的人际传授为主。这种传播方式很慢,普及的范围自然也很小。一些与生产、生活紧密相关的自然科学规律和实用技能,一旦被人们发现、发明或创造成功,就会通过各种人际关系和传播媒介逐步传开(黄时进,2005)。

口语传播作为第一个媒介,使得技能与知识得以扩散,虽然口语传播受到了时空的限制,但是直到今天,口语传播依然是科学传播中最基本、最常用、最灵活的传播方式。师徒制亦是非正式学习、情境学习、基于项目的学习等现代学习理论中不可缺少的,甚至被重点强调的组成部分。

2.1.2　文字传播阶段的科学传播

文字的产生和发展对科学传播产生了深远的影响。文字的出现使科学传播同时突破了时间及空间的限制。

首先,从时间上来说,文字的出现使得科学技术知识和技能可以长久地保存下来,精确地传诸后世,科学传播活动有了更为自由灵活的形式,这对科学传播的发展产生了重要作用。

其次,文字传播在特定范围内具有公开性和普遍性的特点,为与其他区域内的民族交流及互相认同、融合提供了基本的和便利的条件,最终为全球区域内的科学传播的实现奠定了基础。

最终,文字的应用促进了语言的发展,使交际媒介逐渐趋于准确化、精密化及表达形式的丰富化,为科学的发展奠定了基础。

2.1.3 印刷时代的科学传播

早在隋文帝开皇十三年(公元 593 年),我国已经发明了雕版印刷术,相对手工抄写这是一个巨大的进步。印刷于公元 868 年的《金刚经》,是当时世界上最早印有出版日期的印刷品。宋代庆历年间(公元 1041—1048 年)毕昇发明了活字印刷术,推动了印刷技术的伟大飞跃。

印刷术一朝问世,对科学、技术与文化传播所起的作用立即得以显现,大量的农学、医学、历法内容得以印刷成书,流传到全国各地甚至国外。

1704 年第一本英文杂志《评论》周刊诞生,之后,科学杂志成为科学传播的另一条途径,并且由于其具有容量大、理论性强、方向专业等优越性,成为科学传播的重要媒介。印刷术的诞生对科学传播做出了卓越的贡献。首先,印刷术增大了科学技术知识和信息的传播容量及传播数量,扩充了科学传播的空间,降低了科学知识信息生产加工的成本。其次,印刷术有助于提供大量可供社会共同吸收的科技信息资源,为科学技术的传播开辟了全新的途径。再次,印刷术扩大了科学技术知识和信息资源利用的社会范围,增强了科学传播的可信度和社会效果。最后,印刷术的产生提供了可保留的知识,有利于科学技术知识的积累和传播(孙国林,2004)。

当然,书籍、报纸、杂志只能向读者提供静止的、线性的内容,同时也受到排版技术、印刷周期、发行费用等因素的限制。科学技术的发展继续推动媒介技术发展,很快人类就进入了电子传播时代。

2.1.4 电子时代的科学传播

电子传播媒介的先驱是广播。1906 年圣诞夜,美国工程师弗兰克·康拉德(Frank Conrad)在马萨诸塞州海岸,利用自己的广播发射台,成功地播出了演说及音乐,这是世界上第一次语言广播。1920 年 11 月 2 日,美国匹兹堡电台开始播音,这是世界上公认的第一个广播电台。第二次世界大战前,大量广播电台在美国和欧洲建立,无线广播覆盖全球。1939 年,贝尔纳在《科学的社会功能》一书中就专门谈到广播作为科学传播媒介的功能和成效。美国一些科学家利用广播演讲，传播科学知识，引起了听众的广泛关注。

　　紧随其后的是迅速发展的电视技术。1936 年，全球第一个公共电视台成立，播放黑白电视节目。到 21 世纪的今天，全世界几乎所有国家和地区都有独立的电视台或有线电视服务（黄时进，2005）。1958 年，我国成立了第一家电视台——北京电视台，播放黑白电视节目。1999 年北京电视台成立科教频道。2001 年，以"科教兴国"战略为方针，以提高国民素质为宗旨，以教科文题材为内容的专业电视频道——中央电视台"科学·教育"频道（2010 年改为"科教"频道）开播，目前已有《探索·发现》《走进科学》等十几个科技栏目。武汉电视台同时设立 10 个科普节目，制作出《科技之光》等反响热烈的栏目。此外，其他电视台同样设有科学节目频道或相关栏目。通过电视传播科技知识，深入浅出、通俗易懂，在传播知识的同时，由于富有趣味性而受到大众的广泛欢迎。电视以其技术优势，占据了科技信息传播主要渠道的地位。《2007 年中国公民科学素质调查的主要结果》显示，针对科技发展信息的获取渠道，公民选择最多的为电视，占比 90.2%。

　　第三个主要传播渠道是电影。自 1888 年法国人勒潘斯使用单镜头摄影机拍摄了最早的三部电影《北利兹》《约克郡》《阿道夫拉手风琴，惠特莱一家在奥克伍德庄园跳舞》后，电影作为综合艺术，在全球迅速风靡起来。此后，质量更高的科普电影相继问世。新中国成立后，国家非常重视电影的宣传教育作用，1952 年开始，拍摄了大量科普电影，如《乡村卫生》《怎样丰产棉花》等。2000 年北京科学教育电影制片厂拍摄的《宇宙与人》在国际科教影视展评会中斩获多个奖项。

　　在电子时代，另一种新型媒体是电子出版物，其以数码方式将图文音像存储在光盘等电介质上，如 CD、VCD、DVD 等。我国非常重视电子出版物的管理和推动，并设置了若干奖项，用来提升电子出版物在科学文化普及方面的促进作用。

　　综上所述，电子媒介对于受众极具吸引力，它传播的音乐、影像，对受众的年龄和文化水平要求非常宽泛，同时覆盖面广，不受地域限制，能够直接为大众服务。

2.1.5　网络时代的科学传播

互联网将科学传播带入了网络传播时代,互联网的多媒体性继承了电子传播时代的优势,同时具有综合性、直观性、形象性的特点。互联网的即时远程化、同时移动访问等技术的使用,将受众面持续扩大,同时增加了互动性和民众参与度。互联网的巨大容量,突破了报纸、杂志等媒体容量方面的限制,可以无限扩展资源内容。超文本保证了科普文化学习资源的完整性和丰富性,为受众提供了丰富的媒体资源。

Web 1.0 时代的科学传播,以建立门户网站为主。在科学传播方面,中国公众科普网(http://www.kpen.org)等网站由科技部、中国科协、地方各级科协等单位主办,有较强的政策性、专业性。同时,新浪等综合门户网站也包含了很多科普文化栏目,如自然地理、天文航天、生命科学等。第三种形式为报网合一。如中国的《科技时报》就有科学网配合,发达国家的科学传播网络亦采用与杂志、报纸、电视联合办网的方式(黄时进,2007)。如美国的 *Scientific American* 和英国的 *New Scientist*,英国的电视广播配套网站 BBC 网上科学也非常流行。

Web 2.0 时代经历了整个理念的更新换代,之前由少数人主导的资源传播形式逐渐更替为自下而上的由集体智慧主导的传播形式。传播的动力来源由少数人转为大众,发掘了个人积极性,广大民众均可以贡献智慧,并形成了众多社群,建立了可持续参与和学习的虚拟环境。一些围绕科学文化主题而建立的博客、电子公告栏、维基等迅速出现,如维基百科等。民间爱好者的博客,也吸引了具有共同爱好的受众,形成了自己的"圈子"。

Web 3.0 时代的概念和提法不断涌现,从 IT 技术角度分析,Web 3.0 基本特征为:①网络内的信息和服务可以随意集成、整合使用;②用户在互联网上的数据,可以在不同网站上显示;③完全基于 Web,即通过浏览器可以实现复杂的系统程序才具有的功能。Web 3.0 的主要思想是服务可重用,并且易于整合,同时关注个性化,向用户提供个性化的信息,每个人都是信息的使用者和创建者。易于整合的服务不仅大大提高了信息获取的速度和准确度,并模糊了主体与客体的概念,转而强调多元主体之间的交流和沟通。

2.2 数字鸿沟与教育公平

"数字鸿沟"(digital divide)是指不同社会经济水平的个人、家庭、企业和地区在接触 ICT 和利用因特网进行各种活动的机会之间的差距。这种差距既存在于不同国家之间,也存在于同一国家内部的不同人群之间(刘骏等,2012)。联合国第七任秘书长安南早在 1999 年就曾发出警告——把这个世界的贫穷人口从数字革命中排除出去是危险的,并一再强调要填补数字鸿沟。数字化信息网络发展背后的社会分化、地区分隔等问题,是全球范围内迫切需要解决的难题之一。世界范围内的数字鸿沟拉大了经济上的差距,不利于世界和地区的和平与发展,对信息化落后的地区更是严峻的挑战(陈慧颖,2007)。

学校教育中的数字鸿沟同样存在,一方面体现在不同群体学生接触信息技术的水平方面的差异,另一方面则体现在不同群体学生运用信息技术的能力与水平的差异(庞红卫,2015)。数字鸿沟的存在,导致了民众信息素养与科学素养的差异化。信息素养(information literacy)的本质是全球信息化需要人们具备的一种基本能力。信息素养概念包括三个层面:文化层面(知识方面)、信息意识层面(意识方面)以及信息技能层面(技术方面)(邹蓓等,2014)。其正式定义为:"要成为一个有信息素养的人,他必须能够确定何时需要信息,并已具有检索、评价和有效使用所需信息的能力。"(章于红,2010)

博物馆是一个公益性的文化与科学传播机构,公共博物馆、图书馆、纪念馆、美术馆等公共设施的免费开放,以及数字博物馆的建设,是促进基本公共文化服务标准化、均等化的有效策略,也是提升民众信息素养与科学素养、实现教育公平的重要手段。

传播媒介和传播路径的不断扩大对博物馆教育形式产生了更加多样化的要求。传统博物馆的教育形式,主要是参观者进入实体馆浏览文物或藏品,了解历史知识或者科技的发展。而在信息时代,大众更多地通过互联网进行历史范畴与科技知识的学习,实体博物馆的作用在不断地被削弱,而数字博物馆的建设是博物馆发展的新趋势。在世界范围内的数字鸿沟问题面前,应该如何设计优质的数字博物馆,发掘数字博物馆的教育功能,以及如何促进数字贫困地区的学习者参与到博物馆学习中,是值得思考的问题。

2.3 博物馆的信息化

虚拟现实、增强现实、信息可视化、3D 技术等在博物馆中的应用,极大地拓展了博物馆的教育形式。移动学习形式与便携设备等有利于在博物馆内开展非正式学习。移动技术使"便携式博物馆"成为现实,方便参观者随时随地获取资源,该技术是参观者与博物馆数字资源无缝联结、深层交互的桥梁,应用前景非常广阔。通过便携设备实现泛在学习的设计,在博物馆建设中日益流行。智能手段与虚拟现实技术增强了博物馆学习的沉浸式体验,资源开发与知识管理技术可以使博物馆中的展品发展成为丰富的教学资源(郑旭东等,2015)。信息技术的使用已经成为全球范围内博物馆设计中必不可少的部分。

新媒体联盟在《新媒体联盟地平线报告:2016 博物馆版》(弗里曼等,2016)中指出,为了提高馆藏文物资料的可访问性,博物馆已经开始由信息收藏者和目录编制者的角色转化为信息传播和技术应用的推动者的角色。同时博物馆会通过与其他机构合作以寻求数字化解决方案,进而提升互联网共享数据、计算能力以及软件质量。基于此,博物馆之间日益开放,越来越多的第三方致力于促进博物馆之间的有效合作。美国艺术合作机构(American Art Collaborative,AAC)是一个博物馆联盟,它聚集多家博物馆,共同增加文化资源访问量,深化博物馆之间的研究与合作,为博物馆的服务对象提供更加优质的服务。为了实现上述目标,AAC 成员之间共享最佳实践方式、工作方法、关联开放数据,同时构建世界艺术博物馆的学习社区以交流相关经验,并且针对该年度内可能推动博物馆教育的技术应用进行预测,包括数据分析技术、移动技术、个性化技术等。

不受时空局限的移动设备改变了人们进行信息交互的方式。随着越来越多的人使用移动设备,以及设备功能不断地更新和拓展,博物馆的参观者们不仅仅希望随时随地获取信息、服务以及学习内容,同时希望记录和分享他们个人的博物馆体验。处于数字化文化氛围中的博物馆也更加具有可探索性和实用性,全球一半的博物馆已运用移动服务来改善参观者的参观体验(Adams et al. ,2012)。与此同时,博物馆 APP 也日趋流行,APP 能够为参观者提供导览服务,同时,参观者通过 APP 能够深入探访博物馆中那些无法接触到的展品内容。

在应用技术促进博物馆学习方面,仍然有着诸多挑战,包括数字化战略的制定、博物馆专业人员的信息素养等。其中数字化战略包括开发适当的软硬件及网络,以及部署关键性任务等。建立相应的技术支持系统以及开发数字博物馆,已经成为每个博物馆的重要工作。数字博物馆不仅仅是网站,它还应该设有多种技术通道为访问者提供独特的参与及体验机会。博物馆在线活动不仅包括浏览数字博物馆的网站资源,还包括基于社交媒体、移动工具和应用程序的多种活动,例如电子筹款等。博物馆显然不能简单地把网站规划成类似于宣传册或产品目录,它们同时应该开发新的适应性工作流程并进行必要的人员配备(弗里曼等,2016)。与此同时,新技术的应用必然将对工作人员的信息素养提出全新的挑战。

第3章　新技术与数字博物馆

3.1　信息技术在博物馆中的应用

3.1.1　移动技术与 GPS

移动技术的发展,以及自带设备(Bring Your Own Device,BYOD)的兴起,使"便携式博物馆"成为可能。据统计,全球一半的博物馆已通过移动服务来改善参观者的参观体验(Adams et al.,2012)。移动技术使手机、电视、计算机等都可以随时随地地连接至博物馆,参观者通过自带设备连接至博物馆的展品资源及数字资源,可以随时随地、按照自己的具体需要获取信息,有利于学习者与展品的深层次交互,促进泛在学习的进行。《新媒体联盟地平线报告:2016 博物馆版》提出,移动技术是未来一至两年内推动博物馆教育发展的主要技术应用(弗里曼等,2016)。

博物馆学习中的移动技术涵盖的内容非常广泛,例如 APP、社交媒体和基于 GPS 定位的服务等。博物馆不仅在参观者参观过程中提供相应的学习支持,也在其他生活情境中,通过移动 APP 或社交媒体向公众提供后续的信息推送服务,包括展教活动以及与展品相关的学习资源等,上述方式延伸了参观者的学习过程,与终身学习的学习方式相互契合。通过数字博物馆、移动 APP 等方式,参观者可以在博物馆之外进行虚拟空间学习体验。针对参观者年龄、阅历、知识背景、兴趣等个性化特征,越来越多的博物馆采用响应式设计,即根据参观者的个人学习特征,以及具体的地点、情境、学习轨迹、习惯等,给出相应的反应与信息推送。例如,美术馆使用智能定位技术,借助安装在画廊和展品上的信标和无线工具,通过蓝牙将内容传递到附近的智能设备上,根据参观者观看的展品提供相关的推荐信息。

许多博物馆开始使用具有内置数据跟踪功能的引导工具。例如,库珀·休伊特史密森尼设计博物馆(Cooper Hewitt, Smithsonian Design Museum)与交互设计机构 Local Projects 合作,开发联网的钢笔,供人们在参观期间使用。他们可利用钢笔触碰物体标签来收集展品信息,从中获得设计思路。这种钢笔除了能鼓励人们开展更多互动之外,还能收集各种相关数据并最终反馈给博物馆,以改善博物馆的运营。超过三分之二的人在不同的楼层、展区收集了展品资料,系统根据这些信息建立了相应模型(models of staircases)。已有数据表明,94%的人们都愿意使用这种钢笔,其中 20%的人会登录博物馆网站查看他们所收集的物品。

博物馆设计的 APP 可以为人们提供针对展品或历史事件的关键性解读、背景知识和情境化信息,用以帮助人们获得深度学习体验。澳大利亚国家肖像美术馆(National Portrait Gallery)应用了一款"肖像故事"APP。人们可以通过这款 APP 访问 1700 幅画像藏品,藏品附带文章及艺术家采访,同时具备增强型搜索功能。人们不论是在画廊、学校,还是在外面喝咖啡,都可以了解和研究博物馆的肖像藏品。当人们访问博物馆时,他们可以利用 HyperZoom 这样的工具深入探访博物馆里那些平日里无法接触到的展品内容。

互联网与移动终端的结合丰富了公众在博物馆中的学习形式,也可以让他们在博物馆之外随时随地访问和浏览展品。同时,人们对博物馆学习中的互动方式也提出了更高、更细致的要求,这也是移动技术应用后续中应重点提升的方面。目前有研究表明,用户对博物馆中的移动设备、技术的接受度并不乐观,用户体验有待提升,移动技术与博物馆结合需要更加注重友好性、观众特征、社会环境等综合因素(Rhee et al.,2015)。另外,数字博物馆及学习活动设计水平有待提升。参观者们希望数字博物馆能够提供与实地参观一致的学习体验,提供更为广泛、珍贵的数字化资源,以及可以通过移动设备与展品进行更加丰富的交互活动(Yiannoutsou, et al.,2009)。

3.1.2 物联网技术

物联网是一种利用传感器技术,将物品与互联网连接起来,进行信息交换和通信,进而实现对物品的智能化识别、定位、跟踪、监控和管理的网络(饶培俊,2014)。针对博物馆中的物联网而言,所谓的"物"是指博物馆所收藏保管、研究修复、展示的,与教育活动相关的事物,例如藏品、展柜、设备、展厅等(陈刚,2013)。"联"是指信息交互连接,把上述"物"所产生的信息进行信息交互、传输和共享。"网"是通过把"物"连成一张有机的"网",进而感知博物馆服务对象,进行各种数据的交换和无缝连接,达到对博物馆服务和管理动态进行实时监测、连续跟踪,最终达到精准化决策的效果。

物联网融入博物馆为数字化博物馆的发展带来了新的契机,促进博物馆藏品与其周边环境的智能化和人性化交互连接,这彻底改变了数字博物馆中以人机信息交互为主的信息互动形式。数字博物馆进入到传感器和智能芯片无处不在、实时控制的阶段,进而实现"耳目通达"和"融会贯通"的功能。"耳目通达"是指利用各类传感器(照相机、音频、射频识别、红外感应器、全球定位系统等)采集相关数据,"融会贯通"是指利用网络手段实现所有物品与互联网的信息交换与通信(陈刚,2013)。博物馆采用物联网技术后,参观者就可以根据自身定制属于自己的导览服务,这样通过物联网技术实现的参观服务有助于提升博物馆的服务质量,吸引更多的人流,提升用户体验和科普效率(潘靖,2015)。

无线射频识别技术(Radio Frequency Identification,简称 RFID)是物联网的关键技术,该技术的利用推动了科普信息化、智能化的发展(详见表 3-1)。应用 RIFD 技术可以有效地实现参观预约、票务管理、知识导航、互动体验、观众行为分析、客流分析、多媒体中控等功能,协助博物馆经营管理,以期为观众提供更好的服务(李晓丹,2012)。

表 3-1　博物馆中物联网提升服务质量途径及说明

序号	服务类目	说明
1	电子门票	博物馆可以通过网站或发送二维码等方式,向观众提供购票凭证。通过将物联网的 RFID 技术与电子票及观众的移动手持设备相结合,即可实现博物馆内的观众定位。系统通过阅读器采集观众的数据,分析相应的人流量及位置数据,可以及时为工作人员提供信息以做出相应的调整(潘靖,2015)
2	指示系统	通过物联网技术,应用内置 RFID 电子标签的门票或观众的移动设备,可以全面感知观众的存在与位置信息,然后快速准确地对观众的位置进行数据分析,然后给观众制订一条准确、有效、亲切的参观路线,减少观众的观展障碍(潘靖,2015)
3	多媒体导览系统	通过物联网技术,可全面感知观众存在。通过 RFID 等物联网技术增强展览与观众的互动,并应用观众的移动终端将预先设定的服务推送到观众手中,同时当持有电子门票或移动手持设备的观众靠近展品时,系统根据观众所在位置情况,触发功能模块,显示该展品详细的文字、语音、图片和动画等多媒体介绍资料,还可以依据观众信息为观众定制独特的个性路线,让观众自由参观展品(潘靖等,2015)
4	互动体验	互动体验是结合 RFID 门票与互动多媒体展览项目,创建"网上虚拟博物馆"互动体验项目,叠加互联网的功能所创造出来的一种全新的"物联网"式虚实结合的模式(李晓丹,2012)

（1）美国技术创新博物馆利用 RFID 技术拓展参观者体验

博物馆是公共场所,众多参观者频繁往来,参观者不一定有充足的空间与时间投入到展品相关知识的学习活动中。该博物馆给参观者每人一个 RFID 标签(见图 3-1),参观后可以在网站(my. thetech. org)上输入其标签上的号码并登录,系统会为参观者建立个人主页,以记录其学习轨迹。例如:关于遗传学的展览中,参观者观看的展品的标签信息被识读器采集制成 GeneKid 卡片,参观者可以在自己的主页上看到这张 GeneKid 卡片,点击卡片便可以了解更多的信息资料,或看到与该展品互动的其他人员及相关资料。

图 3-1　美国技术创新博物馆的参观者通过手腕上的 RFID 标签来创建个人网页

（2）伦敦博物馆引进的 NFC RFID 标签

伦敦博物馆与诺基亚公司合作建立了一套系统，通过该系统，近场通信（Near Field Communication，简称 NFC）手机用户可以从馆内设置的两个 NFC 标签处获得优惠券、展品信息、预约等服务（图 3-2）。伦敦博物馆于 1976 年建成，里面珍藏着来自世界各地的珍宝。当参观者将手机贴近某些标签的时候，参观者的手机可以自动连接到博物馆的脸书网主页或者是推

图 3-2　伦敦博物馆的 NFC 标签

特网(Twitter)主页,在那里他们可以展示相关藏品。参观者还可以通过一些标签享受博物馆的多项创新服务,例如浏览存储在博物馆文献中的艺术品照片,下载博物馆的乐曲等。上述服务改善了参观者的参观体验及获取信息的便利性,同时也促进了科普工作的便捷高效化(潘靖等,2015)。

3.1.3　大数据与学习分析技术

信息时代的问题不是缺少数据,而是数据冗余与信息过量。如何在庞杂的、海量的数据中取得有价值的数据与规律,并帮助人做出决策,属于数据分析技术领域的研究问题。大数据的特点是数据体量巨大、类型繁多、价值密度低、动态性、变化性,即产生、处理的速度都非常快。博物馆随着信息技术的应用,也在产生海量数据,例如前文提到的便携设备,可采集每个参观者的学习轨迹。博物馆中的大数据通常是指通过采集、整理博物馆及其各方面相关数据并对其进行分析挖掘,进而从中获得有价值的信息,最终演化出一种新的商业模式(陈刚,2013)。

越来越多的博物馆开始重视数据收集,并意识到数据分析是改善自身服务的重要途径。博物馆开始采取多种方式收集参观者数据,作为一种"隐性资源",为其后期决策提供数据支撑。例如:阿姆斯特丹国立博物馆(Rijksmuseum Amsterdam)创建了使用文化遗产语义元数据的程序,通过用户设备改进个性化访问。在 CHIP(Cultural Heritage Information Presentation)项目中,他们引导用户建立档案,将其艺术偏好、参与的相关活动记录其中,并利用这些数据实现虚拟游览和现场参与的个性化服务。此外,博物馆能够深入了解用户的背景和兴趣,可以更准确地提供有针对性的服务。这将有助于博物馆成长为高度自适应的机构,持续满足各类用户的需求。麻省理工学院人文系、艺术系和社会科学系的研究生们设计了 Artbot 应用程序,将人们的爱好与波士顿艺术类现场活动建立起联系。当用户列出个人兴趣爱好后,该程序从大量当地博物馆中挖掘信息,找到每个人感兴趣的艺术家、活动和主题,然后面向用户推送个性化推荐信息。

3.1.4 虚拟现实技术

虚拟现实技术,模拟显示自然环境、人或物体,并产生逼真的感官体验。在博物馆中,虚拟现实技术通过高度逼真的展品和浸入式的交互环境,以积极正面的方式影响甚至增强参观者在博物馆境脉中的学习体验(D'Alba et al.,2013)。

目前,在博物馆学习中应用比较广泛的技术手段主要包括增强现实技术、自然用户界面与虚拟访问技术等。增强现实技术不仅使博物馆中不可见的东西变得可见,还使参观者以一种全新视角来审视周围的一切。参观者依靠特定的视觉标记来获取准确信息,以此将数据信息与真实世界的对象、背景和过程结合起来,以加深对展品的认知。该技术尤其有利于参观者在博物馆这种非正式情境中对科学概念的理解与掌握。而自然用户界面与虚拟访问技术则改变了传统博物馆学习中"请勿触摸"的拒绝式指令,参观者可通过多点触控台、互动墙等媒介与展品互动。这有助于弥补基于对展品的保护而不得不限制参观者与展品互动的遗憾(郑旭东,李志茹,2015)。

虚拟现实能够给人带来全新的体验,达利博物馆(Dali Museum)的"迪士尼和达利:建筑师的想象力"展览呈现了一个被称为"Dali 的梦想"的虚拟世界,展览将参观者带入超现实作品的虚拟环境中。参观者在博物馆中使用 Oculus Rift(虚拟 VR 设备)或者在家中使用 Google Cardboard,便能够在一大堆石头中与小鸟一起翱翔,发现龙虾电话机,与 AliceCooper 乐队坐在一起。

故宫博物院"端门数字馆"数字多宝阁(http://www.szzs360.com/topic/2016/gg/)由 9 列 2 排共 18 块高清屏幕组成,精选近百件故宫博物院典藏器物的高精度三维模型,构建了一个虚拟的多宝阁(见图 3-3)。其中约 50 件文物可以让参观者伸手触摸、缩放,观看细节,还有 7 件文物利用多媒体方式向参观者进一步详细解读其中的信息。通过最简单的技术,最大限度真实还原文物本体,"可以摸文物"的数字多宝阁让参观者与文物更亲近。

图 3-3 故宫数字多宝阁

3.2 数字博物馆的兴起

3.2.1 数字博物馆特点

数字博物馆,是将文化遗产的物质形态和非物质形态通过虚拟现实等技术加工处理,建立在互联网数字化空间中的博物馆。它的核心是数字资源,具有收藏、研究和教育三大职能,发展的根本目标是为人类社会服务。与传统的实体博物馆相比,数字博物馆不仅仅是博物馆网站,它有三个主要特征(陈刚,2007)。

(1)数字化

数字博物馆的展品被以数字化形式保存在计算机存储设备中,可以无限复制,不用担心展品在实体博物馆长期保存的过程中,因光照、温度、湿度变化而出现老化、损坏,以及遗失等问题。用户可以随时上网浏览、欣赏数字展品,甚至可以下载到自己的电脑上进行系统研究。同时,博物馆再也不用为藏品库房、展厅容积而发愁,数字藏品内容的存放、展示需要的只是可以不断扩充容量的计算机存储器空间(金雪,2011)。

（2）网络化

数字博物馆通常架设在互联网中,通过网络连接的数字博物馆彻底打破了实体博物馆地理意义上的距离概念,用户可以在家中方便地使用自己的电脑、手机和平板电脑,远程参观博物馆藏品内容。不再有实体博物馆的开馆与闭馆时间的限制,用户可以随时随地到数字博物馆浏览数字化的陈列展览。数字博物馆本身的数字藏品的内容收集、保存、研究也同样不受时间限制,方便了博物馆工作的开展(金雪,2011)。

（3）虚拟化

数字博物馆借助虚拟现实技术模拟展示消失的文物,对历史记载的文物和场景进行重建和复原。基于终端设备,用户参观数字博物馆即可浏览曾经消失的文物,也可体验逼真的历史场景,与历史人物进行互动。这在实体博物馆中是无法实现的,是数字博物馆的独特优势。

3.2.2　数字博物馆开发技术

虚拟现实技术等技术在文化遗产领域的应用比较广泛。例如,基于全景环视的数字博物馆,利用鱼眼相机拍摄全景图构造 360 度博物馆环境,如安徽博物馆全景数字化探究(张秋莲等,2011)、百度数字博物馆、故宫博物院等。基于 Web 3D 的数字博物馆,指利用虚拟现实构建的互联网 3D 博物馆(Styliani, et al. ,2009),相关技术包括虚拟现实语言(Virtual Reality Modeling Language、Extensible 3D Graphic)和虚拟引擎(Unity 3D、Unreal等),如法国卢浮宫 3D 网络数字博物馆、新加坡 Cybermuseum 平台构建的 3D 数字博物馆集群、网上世博会等。

（1）全景技术

全景技术也称 360 度环视虚拟,是一种基于全景图像的真实场景虚拟现实技术。该技术首先使用专业鱼眼相机捕捉整个场景的图像信息,继而利用软件(PTGUI)进行图片拼合,最后通过专门的播放器进行播放,即将平面照及计算机图像转换为 360 度全景景观（panoramic），把二维的平面图模拟成真实的三维空间，呈现给用户。在浏览器中，通过播放插件使用鼠标控制环视的方向，可随意左右转向，或拉近距离观察展品，使用户仿佛就处在现场环境当中。全景技术以一个节点为单位，即以拍摄时照相机的位置为中心的全方位虚拟场景为一个场景节点。虚拟导览是采用多媒体人机交互界面和交互信息导航的方式，结合地图导航，将这些一个个的单个节点有机地整合为一体，辅以声音、图像、动画等多种多媒体元素的全新多媒体展示手法（陈宇先，2010）。用户在浏览时一方面可以体验所处场景的真实现场环境，另一方面也能系统全面地了解该场景的相关信息以及所处的位置方位。这样，在一个虚拟景区或一个数字博物馆中，用户就可以轻松随意地边走边看，在不同的三维场景之间任意漫游而不会迷失方向，如图 3-4 所示。

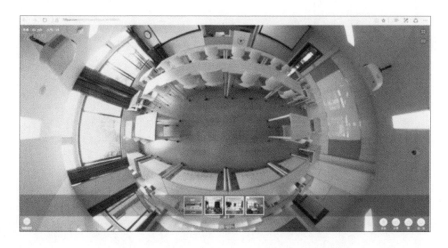

图 3-4　全景技术呈现的浙江大学智慧教室

（2）VRML/X3D 技术

受 HTML 的限制，网页只能是平面的结构，同时实现环境与浏览者的动态交互过程极为烦琐。1994 年 VRML（Virtual Reality Modeling Language）应运而生。它改变了 WWW 单调、交互性差的弱点，创建动态的3D 物体，来浏览互联网三维世界。1998 年，VRML 组织更名为 Web 3D，一

个新的标准 X3D(Extensible 3D)产生并代替了 VRML,支持 XML、JAVA
等技术,于 2004 年成为 ISO 标准。VRML/X3D 通过各种节点(如 Shape、
Transform、Position、Texture 等)的组合表达虚拟世界,通常需要经历建
模、格式转化、纹理处理、虚拟语言编写等步骤,最终完成互联网虚拟场景的
呈现,如图 3-5 所示。

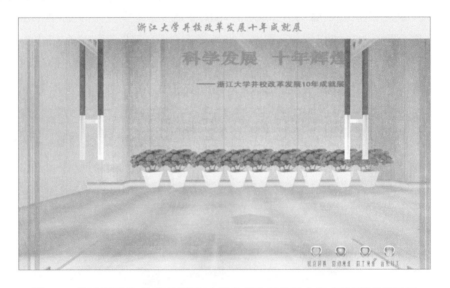

图 3-5　基于 VRML 构建的"浙江大学并校改革发展十年成就展"虚拟展厅

(3)虚拟引擎技术

虽然 VRML/X3D 是国际虚拟现实 ISO 标准,但由于技术门槛较高,所
以出现了许多简单易用的虚拟现实引擎,如当前全球使用最广泛的 Unity
3D 引擎。Unity 3D 是由 Unity Technologies 开发的一个让用户轻松创建
诸如三维游戏、虚拟建筑、实时三维动画等类型互动内容的多平台综合型虚
拟现实开发工具,是一个全面整合的专业引擎。Unity 类似于 Director、
Blender game engine、Virtools 等以交互的图形化开发环境为首要方式的软
件。其编辑器运行在 Windows 和 Mac OS X 下,可发布游戏至 Windows、
Mac、Wii、iPhone、Web GL、Windows Phone 8 和 Android 平台。也可以利
用 Unity web player 插件发布网页虚拟游戏,支持 Mac 和 Windows 的网页
浏览(修春华等,2015)。基于 Unity 3D 平台,通过 3DS Max、maya 制作 3D

模型、导入制作好的 FBX 模型、布置虚拟场景、制作各种交互和动画以及编写程序代码,最终完成虚拟场景的开发,如图 3-6 所示。

图 3-6　基于 Unity 3D 引擎开发的浙江大学数字校史馆

3.3　数字博物馆的典型案例

3.3.1　故宫博物院数字博物馆

故宫博物院成立于 1925 年,是世界上规模最大、保存最完整的木结构宫殿建筑群。为了实现在线观赏建筑群,故宫博物院运用了三维全景技术,将真实建筑通过 3D 实景的方式呈现在网络虚拟空间中。对于已破损的建筑,运用 3DVR 建模技术复原了某些建筑的全貌,并进行在线展览。

故宫博物院数字博物馆(http://www.dpm.org.cn)于 2001 年开通第一版,随后逐步加入 VR、APP、3D 藏品展示等技术。故宫博物院非常重视发挥文物资源的教育功能,尤其重视青少年学习活动设计,并于 2015 年全面改版,增加了青少年数字博物馆。具体与教育活动相关的栏目见图 3-7。

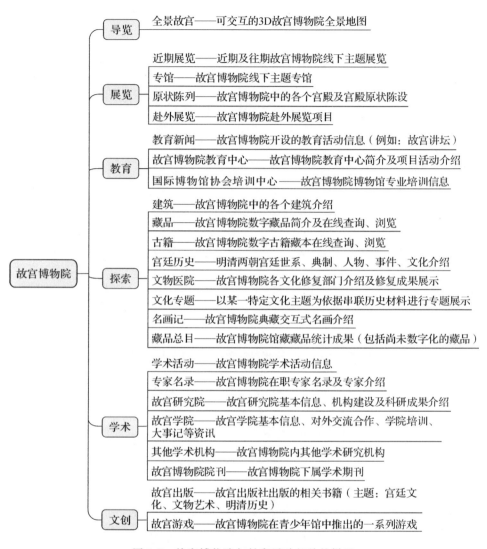

图 3-7　故宫博物院与教育活动相关的栏目

（1）故宫全景展览

故宫全景展览（http://webapp.vizen.cn/gugong-pc/index.html）是故宫博物院推出的一款电脑、手机通用的故宫在线游览软件，它基于 360 度全景技术开发而成，呈现了近千个建筑的外观及部分建筑的内部陈设，如图 3-8、图 3-9 所示。用户即使与故宫相隔万里也能通过故宫全景展览进行实时游览。其中的平面卡通地图标记了整个故宫中已经数字化的全景景点,用户通过点击地图中的全景点实现对整个故宫的参观,避免了在数字博物馆中迷路。当用户在故宫里漫步的时候,每个景点均提供文字解说及语音导览,其专业性和翔实程度远超过一般走马观花式的导游资料。它还为用户提供了电影胶片式的游览路线,让用户避免了自助参观时没有头绪的烦恼。此外通过二维码还可以切换到手机模式进行参观,将整个故宫装进口袋。

图 3-8　电脑和手机模式下的全景故宫

图 3-9　故宫全景展览之协和门

该软件的主要功能包括:

• 兼容手机、电脑和平板电脑等终端设备,实现浏览设备之间的自由切换,通过移动网络真正地实现随时随地都可参观故宫。

• 提供第一人称视角漫游,通过点击鼠标或触摸屏幕实现场景跳转,基于鼠标拖动和手机的滑动实现视角的旋转,给用户创造身临其境的体验。

• 呈现地图导览定位,故宫地图任意缩放,随时告诉用户身在何处,用户可通过点击全景热点切换参观地点。

• 提供胶片式的参观路线,打造简洁的游览方案,让用户可以方便地游览、参观关联的景点。

• 提供各景点专业介绍,生动的文字、精美的大图,令故宫深处的一切尽在用户掌握之中。

• 内嵌百度地图,让用户随时可以了解景点的真实位置、附近的交通状况,以及实际参观的步行和乘车路线。

除故宫全景展览外,故宫还开发了线上展览,用户可以随时查看过往的展览内容,也可以在线下的实体展览中与线上数字展览实时互动,获取更多展览内容资讯。网站采用高清摄像技术,让用户能够看到展览中的每一个展品,并通过自动旋转按钮快速浏览单一场景内的全部物品。借助于场景地图,用户可便捷地定位、回顾展览的各个展厅。在部分展品上还附带详细介绍的按钮,帮助用户深入了解展品详细信息(见图 3-10)。

图 3-10　线上 3D 实景展览之"清代军机处史料展"

(2)VR 技术与 V 故宫

V 故宫使用 3D 建模技术还原及展现建筑原貌,再现了金碧辉煌的紫禁城，并深度解析了建筑与藏品的细节，为公众提供鉴赏故宫文化遗产之美的独特方式。目前已上线三个地点：养心殿、灵沼轩、倦勤斋。

养心殿 VR 建模是在已有建筑的基础上搭建而成的，进入 VR 场景可查看建筑外观，用户移动脚步进入宫殿内部，点击圆形纹饰可查看相关文物藏品的具体介绍。

灵沼轩是故宫内的一座古代钢结构建筑，位于故宫延禧宫内。兴建工程尚未竣工时，由于辛亥革命爆发而暂停建设。V 故宫通过 VR 3D 建模技术，依照史料重建了灵沼轩的外部与内部景象。通过 Falsh 动画引导用户熟悉按钮功能，例如复原场景与真实场景的切换、VR 模式与全景模式的切换、点击图标进行场景移动、阅读详细内容等，便于用户快速掌握使用方法，进入场景后伴随导游语音了解灵沼轩的更多信息。相较于养心殿，灵沼轩的建模中引入了更多的动态效果，给人以真实感。

倦勤斋是乾隆皇帝为自己归政后修建的居所。此场景有 NPC（non-player character，非玩家角色）与用户对话。游览过程中，NPC 会伴随用户进行参观，避免用户在宫殿中迷失。到达一个新的地点，需要用户先行探索场景中可交互的物品。交互过程中会穿插小的知识点、益智游戏与问答，帮助用户获得知识。NPC 的表情也会随用户回答问题正确与否而改变。用户可以学习百宝镶嵌、苏州刺绣、竹簧片、双面绣、通景画等相关知识。相较于养心殿、灵沼轩，在倦勤斋，用户与界面的互动更多，代入感更强（见图 3-11）。

图 3-11　倦勤斋游戏页面

目前 V 故宫仅开发了养心殿、灵沼轩、倦勤斋三个地点,随着相关技术的提升,V 故宫所开发的场景中与用户的交互将逐步丰富,知识的传递方式更加多元,使用过程中的体验感、代入感也逐步增强,将会更好地帮助用户了解有关这三个宫殿的历史及当时的建造工艺。

(3)基于 Flash 技术的"名画记"栏目

"名画记"栏目利用了 Flash 动态交互功能,提供了高清名画如《洛神赋图》《游春图》《五牛图》《步辇图》《写生珍禽图》《元五家合绘》等共计 118 幅。其中具有互动功能的画作有《胤禛美人图》和《清明上河图》(见图 3-12、图 3-13)。

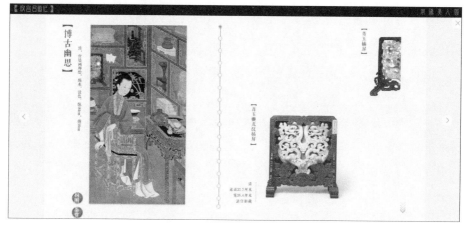

图 3-12 "名画记"之《胤禛美人图》

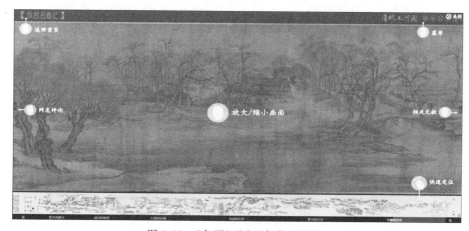

图 3-13 "名画记"之《清明上河图》

《胤禛美人图》共有 12 幅,画作中描述了宫中女子的生活场景,画幅中的器物对应故宫中的真实藏品。通过互动功能,用户点击画作中的器物能够了解更多相关知识,并查看真实藏品。12 幅美人图提供了相应的真实历史知识、画家相关信息,以及历代工笔仕女图作画技巧及变迁等知识。

《清明上河图》互动形式有别于《胤禛美人图》,主要包含相关文献链接、讲解视频、网友评论与问答、快速定位等功能。用户可使用鼠标滚轮放大与缩小页面,也可使用页面右上角的放大镜。整幅图画划分为题(开篇)、宁静的乡村、繁华的汴河、热闹的虹桥、忙碌的店铺、威武的城楼、繁华的都市、跋(结尾)等 8 个部分。用户可在画面下方快速定位相应的地点位置。每个地点均设有多个热点,点击热点会呈现出关于该热点的详细的文字及语音解说,为用户详细解读清明上河图中的每一处景色,例如寂静的谷场、赶驴入城、隋堤杨柳等,用户还可为自己喜欢的景色点赞。通过细致的讲解与阅读相关材料,用户能够对《清明上河图》有进一步的认识。

《名画记》栏目通过页面互动技术,较好地将画作中蕴含的信息拆解开,并逐步传递给用户,减轻了用户的学习负担,同时又增强了用户的学习乐趣,提升了用户的学习效果。

(4)"文物医院"

"文物医院"是故宫博物院推出的特殊栏目,文物保护修复工作具有很强的科学性,亦是多学科交叉渗透形成的一门科学,包含人文社会科学、自然科学和工程技术三大领域。它需要像 100 多年前医学引入科学实验室方法一样,应用现代分析检测设备和技术,借鉴当今其他学科完善的理论构架来建立起自身的科学体系。这一栏目旨在使大众了解文物修复过程、相关技术。

栏目包含"文物科技实验室""文物修复工作室""文物保护管理与展示宣传"三大栏目。"文物科技实验室"主要介绍在文物修复过程中所需要使用的技术与机器,例如生物实验室对白蚁、霉菌、文物虫害的防治措施介绍。"文物修复工作室"介绍对各个类别的文物修复时的手法及注意事项,包含木器、青铜器、漆器、裱匣、纺织品、古钟表、百宝镶嵌、陶瓷、综合艺术品及数字器物修复,例如"木器修护室"中对于紫檀嵌粉彩瓷片椅等器物受损情况及修复过程的图文详解。通过以上栏目的介绍，用户可以初步了解中国文物保护修复传统手工技艺。除文字图片介绍外，文物医院中还引入了纪录片《我在故宫修文物》中的钟表修复片段（见图 3-14），帮助用户更直观地感受文物修复的过程。

图 3-14　《我在故宫修文物》钟表修复片段

（5）故宫 APP

故宫自 2014 年开始，陆续推出了多个 APP，例如"韩熙载夜宴图""胤禛美人图""皇帝的一天""故宫陶瓷馆""每日故宫""故宫社区""紫禁城祥瑞""清代皇帝服饰""故宫展览"。故宫 APP 界面设计精良，内容紧贴中国传统历史文化，真正让收藏在故宫里的文物"活起来"（见表 3-2）。

表 3-2　故宫 APP 功能

APP 名称	APP 功能
韩熙载夜宴图	包含原作鉴赏、内容识别、审美体验、真人再现夜宴之华美、剖析艺术之匠心等功能。
胤禛美人图	故宫博物院出品的首个 APP，让用户从 12 幅美人屏风画像一窥清朝盛世华丽、优雅的宫廷生活（梁姗姗，2014）。
皇帝的一天	用户扮演皇帝角色，了解皇帝一天的衣食起居和工作娱乐，收集文物卡片和霸气成就。
故宫陶瓷馆	以"时间轴"为骨架，串联起文华殿陶瓷馆在陈的全部藏品，每件藏品都有清晰的图片和专家撰写的介绍。
每日故宫	每日甄选一款馆藏珍品，让用户探寻故宫藏品令人惊叹的细节，感受传世珍品不竭的历史生命。
故宫社区	用户在紫禁城中建造属于自己的宅院，走街串巷探寻别样的文化空间。

APP 名称	APP 功能
紫禁城祥瑞	多角度呈现 17 种传统祥瑞符号,甄选 170 余件故宫博物院藏文物精品,解读这些传统符号的历史演变及文化内涵。
清代皇帝服饰	对清代的冠服制度、制作工艺、制作成本以及从设计打样到穿着上身的全部过程进行详细解析,让用户领略天子冠服之华美。
故宫展览	让用户观看宫廷原状、常设专馆、专题特展,深度体验传统艺术与宫廷文化的丰富内涵。

以"韩熙载夜宴图"APP 为例。打开 APP,伴随着悠扬的音乐,由旁白与动画引入夜宴图的时代背景,整幅画卷就缓缓展现在你的眼前。APP 共有 3 层立体赏析模式:总览层、鉴赏层和体验层。画面精细度逐步递增。从宏观到微观,用户可层层深入了解《韩熙载夜宴图》。《韩熙载夜宴图》共分为听乐、观舞、暂歇、清吹、散宴 5 个段落,以连环画的构图叙事形式,描述了南唐巨宦韩熙载在家中开宴行乐的全过程。进入数字画卷,手指左右滑动便能浏览全卷。画面还能随手放大,家伎发髻上的珠钗饰品、衣袖上的图案纹理乃至家具上的雕刻花纹都清晰可见(刘凡,2018)。在体验层若轻轻触动屏幕,指尖所至之处半径 5 厘米内似有烛光追随,而周围则是黑景,就好似用户在秉烛观看画作。若指尖所触为画中人物或器具,稍作停留则可见画面呈现文字释义(包含人物、家具、礼仪、乐器的介绍),整幅数字画卷中共有 100 个内容注释点和 1 篇后记。部分人物还会呈现"鼓掌""敲鼓""洗手"等动态行为。当用户点击特定人物时,画中的人物会"复活"为真人,弹奏传统南音,演绎梨园舞蹈。APP 中的真人服饰为了做到尽可能贴合或还原史实,特意邀请了台湾著名艺术团队"汉唐乐府"和著名服装设计师叶锦添先生等名人加盟 APP 开发设计。

(6)故宫青少年馆情境化导览

故宫青少年馆(https://young.dpm.org.cn/)为青少年群体而设计,风格与内容更贴合青少年文化学习需求。故宫青少年馆提供了情境化的导览讲解功能,用户可以从"紫禁城建筑的秘密""大臣成长记"路线中任选一个开始探索。"紫禁城建筑的秘密"的讲解员角色设定为小学生小玄、小雅;"大臣成长记"的讲解员角色设定为历史人物徐兴、姚广茗。游览路线有相应的 Flash 动画导入场景，通过场景中人物对话、视频等材料，用户可以了解故宫各个地点的知识。学习者需要与界面实时互动，以推动剧情的发展。在"大臣成长记"路线中，故事情节将清朝文武官员的选拔、考试、任职、升迁等事件，与地点串联起来，使用户能够跟随着游览路线，了解清朝的官吏选拔与任职制度。

参观的过程中穿插小游戏，帮助用户复习、巩固知识，用户只有完成游戏才能进入下一个场景中。例如，在"大臣成长记"的路线中，徐兴中举后从宫门出紫禁城，需要通过 3 层考验，分别为"紫禁城名称的由来""紫禁城的方位"以及"午门门洞的进出规则"。每一关均有相关知识点反馈，以加深用户对相应知识的理解。

故宫情境化的导览讲解，将故宫知识点融入讲解、视频、游戏等设计中，生动可爱的卡通形象也帮助用户更好地沉浸其中（见图 3-15、图 3-16）。

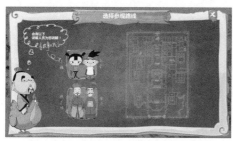

图 3-15　故宫线上讲解路线选择　　　　图 3-16　故宫线上免费讲解

（7）"紫禁学堂"与"故宫小百科"

"紫禁学堂"对专题性、贴近生活的相关知识进行讲解，包括"紫禁城里的运动会""紫禁城里说暖气""屋脊上的神秘小兽""超级皇帝的超级大书"等 17 个专题。语言幽默、配图形象、内容丰富，能够吸引儿童阅读、探究。在"紫禁城里的运动会"这一专题中，从奥林匹克运动会延伸至皇宫中的"运动会"，在奥运会中的运动项目与传统的皇宫运动之间建立联系，如马术与骑射、高尔夫与捶丸、皮划艇与龙舟、足球与蹴鞠、射击与射箭、滑冰与冰嬉、摔跤与斗跤。每个运动项目附有相关文字介绍及当时的绘画作品，使学习者更好地了解运动种类及其规则（见图 3-17）。

图 3-17 　"紫禁学堂"之"紫禁城里的运动会"

"故宫小百科"通过简洁的话语描述了故宫及清朝的历史，讲述了故宫的一个个知识点（图 3-18），例如，皇家的冰窖、空竹、蒙古象棋和动物纸牌游

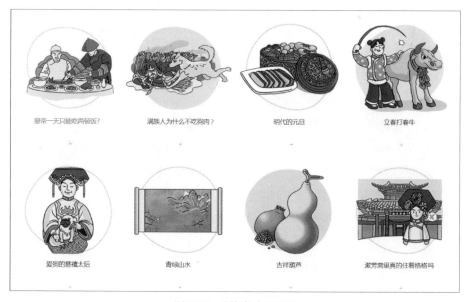

图 3-18 　"故宫小百科"

戏。每个小知识点均设有配图,文字解说在150～250字,且有语音解说,能够明显减轻儿童学习负担。故宫青少年馆的各个页面的菜单栏右侧均有一个铃铛图案,点击图案就会随机抽取一个故宫小百科知识,激发用户了解更多故宫知识的兴趣。

3.3.2 美国大都会艺术博物馆

美国大都会艺术博物馆(Metropolitan Museum of Art),是美国最大的艺术博物馆,也是世界知名博物馆之一,1872年首次开放。大都会艺术博物馆的展览大厅共有3层,包括服装,希腊罗马艺术,原始艺术,武器盔甲,欧洲雕塑及装饰艺术,美国艺术,R.莱曼收藏品,古代近东地区艺术,中世纪艺术,远东艺术,伊斯兰艺术,19世纪欧洲绘画和雕塑,版画,素描和照片,20世纪艺术,欧洲绘画,乐器及临时展览等18个陈列室和展室。服装陈列室是从原来的服装艺术博物馆发展而来的,1946年并入大都会艺术博物馆,单独成为一个部门,藏有17世纪至20世纪世界各地的1万多件服装,并设有图书资料室和供专业服装设计研究人员使用的设计房。馆内的陈列室共有248个,常年展出几万件展品,而这仅是博物馆总库存的冰山一角——博物馆的所有展品数量已达300万件。大都会艺术博物馆数字博物馆网址为:https://www.metmuseum.org/。其数字博物馆包含的主要展览与学习栏目如图3-19所示。

(1)360度全景导览

大都会艺术博物馆数字博物馆向用户提供全景导览,让用户可以探索博物馆的一些标志性空间,例如查尔斯恩格尔哈德法院、武器和装甲画廊、大都会修道院等(见图3-20)。不同于故宫博物院的故宫全景展览,大都会艺术博物馆将三维全景导览制作成视频形式,用户可自行游览,或者在途中自行转换视角或移动位置。当用户驻足观看展品时,可以将画面进行放大,观赏细节。全景导览画面清晰,视角转换灵敏,效果逼真。游览过程中可观察到现场的人物动态,例如谈话的参观者、博物馆内的工作人员、街边行走的路人等,代入感非常强。全景导览采取的视角也不同于一般的贴近地面的游客视角,而是会选用空中、地面、水面等视角,丰富了用户的感官体验。

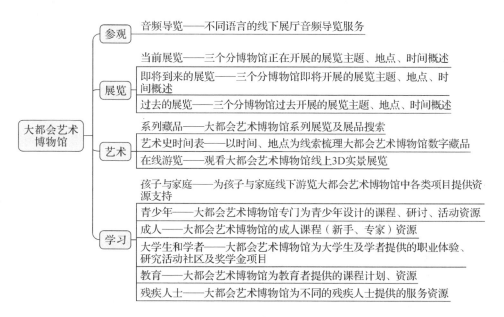

图 3-19　大都会艺术博物馆学习栏目

用户可以通过全景导览探索城市的 360 度全景,在空中跨越哈得孙河,在某个风景优美的花园降落,欣赏构成这座历史建筑核心的中世纪修道院,并聆听距离地面 30 多米的钟楼的钟鸣。

图 3-20　大都会艺术博物馆 360 度全景导览

（2）语音导览

大都会艺术博物馆数字博物馆提供多种语言的语音导览，包含英语、法语、德语、意大利语、日语、韩语、汉语、葡萄牙语、俄语、西班牙语等十种语言，有 3000 多段关于博物馆展品的解说录音（包括"儿童之旅"）。用户可以直接通过线上语音及展览图像来观看展览。每一段语音长度在 3 分钟内，利用简短的语言带领用户初步了解相应展品的名称、作者信息、内容与内在含义（见图 3-21）。

图 3-21　大都会艺术博物馆语音导览

数字博物馆还提供了针对儿童与家庭参观者的语音导览"儿童之旅"，音频中讲述者节奏更慢，语言也更贴近儿童思维，有更多的引导性话语，帮助儿童逐一参观展品。过程中还插入与藏品内容相关的音乐，以提升儿童的学习兴趣及沉浸度。

除线上语音导览外，数字博物馆还提供线下的语音导览播放器的有偿租赁服务。参观者可在博物馆的三个入口处及精选展览处，支付 5 至 7 美元不等的费用租用播放器。对盲人、弱视、听力损失的参观者和纽约市高中以下学生提供免费的语音导览播放器。

（3）儿童在线地图探索

大都会艺术博物馆数字博物馆为儿童建立了独立的线上展馆，名为Metkids，包含三个部分，分别为地图探索、时光机、观看视频，三个功能相辅相成。在地图探索模块中，设计者为用户提供了一张手绘博物馆地图，每一个宝藏有红色或黄色的标记，当用户将鼠标移至标记上方时，会出现该地点藏品的图片及名称。当用户点击标记时，在页面右侧会浮现出对应的藏品简介，包括制作者、制作材料、制作时间、制作地点、展厅位置等基本信息。用户也可以自行了解更多文字信息及获取语音介绍。

为了提升趣味性，数字博物馆还提供了"有趣的事实"栏目，介绍某些藏品的神秘信息，激发用户阅读兴趣。用户可观看有关藏品的情景动画，同时支持多语言。动画引发了用户对藏品的内容、纹饰的深入思考。例如在图 3-22 这一藏品的介绍页面中，重点展示了花瓶上有关战争信息的纹饰。在该栏目下为"发现"栏目，用户可在这一栏目中了解该古希腊花瓶的纹饰、形制信息，语言描述生动形象。当用户点击"了解更多"时，下方会展开关于该藏品的拓展信息，鼓励用户在藏品的基础信息上展开思考与创作。例如，想象战车和士兵的队伍经过时，是庆祝的吵闹声还是庄严的静默，你能听到什么。用户还可以利用三角形、圆形、正方形等几何图案制作不同的场景。

当用户完成上述步骤后，他对于这一藏品的理解与认知是完善具体的。同时通过想象与制作，用户也能够更好地运用所学习到的知识，锻炼自身的想象力和创造力。

用户还可通过时光机对藏品的制作时期、地区以及主题进行筛选，以获得特定的藏品。在"视频"栏目中，用户可观看"教授的工艺品制作""大都会艺术博物馆问答""孩子制作的视频""节日庆祝"等多个主题的视频内容，这些视频内容均与藏品相关。在"孩子制作的视频"主题下，均为孩子通过手工制作、剪辑而成的视频。这一栏目实现了藏品与孩子的对话，采取了"众筹"的形式，丰富了博物馆的馆藏数字资源。

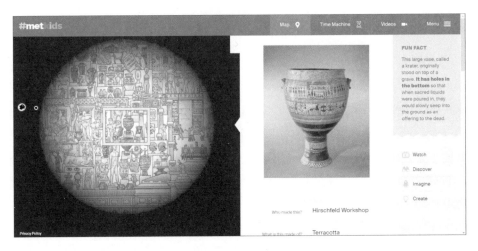

图 3-22　大都会艺术博物馆儿童地图中的藏品介绍页面

（4）团体活动

大都会艺术博物馆针对不同的团体推出了不同类型的活动（见表 3-3），以更好地满足不同团体的具体需要。

表 3-3　大都会艺术博物馆各类团体活动

团体类别	活动内容
孩子与家庭	为孩子与家庭线下参观博物馆中的各类项目提供资源支持
青少年	为青少年专门设计的课程、研讨、活动资源
成人	为终身学习设立的成人课程（新手、专家）资源
大学生和学者	为大学生及学者提供的职业体验、研究活动社区及奖学金项目
教育者	为教育者提供的课程计划、课程资源
残疾人士	为不同的残疾人士提供的服务资源

在"教育"栏目中，博物馆为教育者提供了课程计划与课程资源（见图 3-23）。课程计划罗列了可在博物馆内开展的各项教学活动，教学计划中包含教学主题、学科领域、适用年龄、教学目标、教学内容与国家课程标准的关联、教学活动开展前所需要的准备工作、观看过程中的问答，以及博物馆中的资源。通过课程计划，教师可以更有条理地规划博物馆与学校的合作课

程,以达到更好的教学效果。课程资源提供了可以被教育者直接使用的资源,例如,在拜占庭式银器这一主题下,大卫和歌利亚的圣经故事不仅为学习者提供了文化背景资料,还为学习者提供了地图、学习策略、实践活动、关键词列表和参考书目等信息。

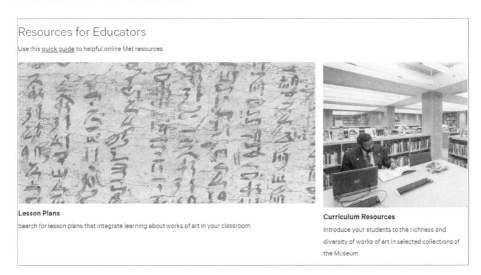

图 3-23　大都会艺术博物馆为教育者提供的资源

3.3.3　大英博物馆

英国大英博物馆(British Museum),又名不列颠博物馆,位于英国伦敦新牛津大街北面的罗素广场。该馆成立于 1753 年,于 1759 年 1 月 15 日起正式对公众开放,是历史悠久、规模宏伟的综合性博物馆,也是世界上规模最大、最著名的四大博物馆之一。博物馆收藏了世界各地许多珍贵文物,藏品丰富,种类繁多,久负盛名。博物馆拥有藏品 800 多万件。由于空间限制,其中 99% 的藏品未能公开展出。因此,其数字博物馆无疑可以在一定程度上弥补这一遗憾。

大英博物馆的数字博物馆(https://www.britishmuseum.org/),包含的栏目如图 3-24 所示。大英博物馆将一些展品制作成数字资料,并针对不同年龄段及学科需求制作了相应教学计划与课件。它的特色栏目包括"语音导览""教学资源库""三星数字资料库""教育游戏"等。

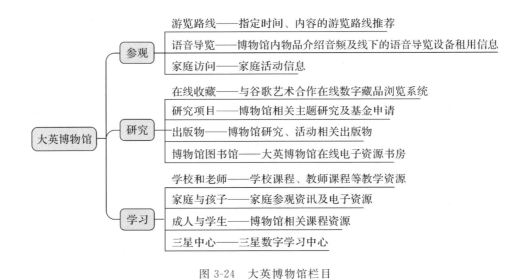

图 3-24　大英博物馆栏目

（1）语音导览

大英博物馆提供多种语言的语音导览，包含英语、韩语、法语、德语、意大利语、西班牙语、阿拉伯语、俄语、日语和汉语。语音导览包含对藏品的基本信息介绍以及 260 篇关于博物馆特色馆藏的专家评论，通过互联网，用户可下载超过 60 个展厅的介绍（见图 3-25）。同时，线下的语音导览设备提供了更深入的音频介绍、视频、文本和图像等。

针对听障人士，大英博物馆提供免费的手语导览服务，由四位博物馆解说员逐一解说馆藏展品，介绍导览项目，并根据策展人的评述提供展品背后的历史和故事。所有内容也会呈现在屏幕中，便于参观者阅读。针对视障人士，提供视障语音导览，该导览可在触摸屏设备上使用。针对前往博物馆参观的家庭，提供对应的家庭导览，在语音导览的过程中加入有趣而富有创意的挑战，让参观者在挑战中探索和了解藏品。

（2）丰富的教学资源

大英博物馆为 5～14 岁的儿童（KS1-KS3），提供了约 100 项不同类别的教学资源。资源可通过主题、时期、地点、面向的对象、年级及课程目标进行筛选（见表 3-4）。

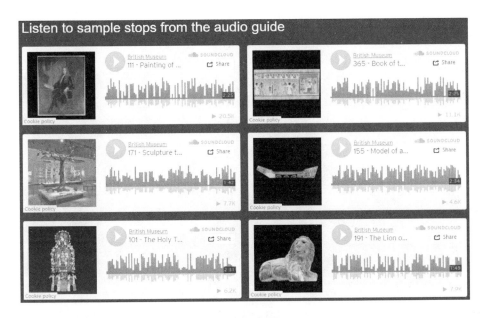

图 3-25　大英博物馆语音导览

表 3-4　大英博物馆教学资源筛选指标

筛选指标	分类
主题	信仰、战争与冲突、帝国、统治者、社交与生活、技术与艺术、贸易与外交
时期	公元前 500 年以前、公元前 500 年—500 年、500 年—1000 年、1000 年—1600 年、1600 年—1800 年、1800 年至今
地点	非洲、美洲、亚洲、英国、欧洲、大洋洲
面向的对象	KS1（5～7 岁）、KS2（7～11 岁）、KS3（11～14 岁）
课程目标	KS1——事件、KS1——个体、KS2——英国（铁器时代与石器时代）、KS2——英国（罗马帝国时期）、KS2——盎格鲁-撒克逊人与苏格兰人、KS2——维京人与盎格鲁-撒克逊人、KS2——早期文明、KS2——古希腊、KS2——非欧洲时期、KS3——英国（1066—1509）、KS3——英国（1509—1745）、KS3——英国（1745—1901）、KS3——英国与欧洲及世界、KS3——世界历史上的重要时期

如图 3-26 为教学资源页面，当鼠标悬浮于某个展品上时，页面上会浮现该展品的名称及分类，以及同类别的展品。该展品的详细资料包含语音讲解、展品来源的地区和年代、文化背景、尺寸、收藏博物馆等基础信息。同时，考古学者会对该展品的考证过程进行解读。针对这一展品，会提供引申资源。为了便于教育者使用，还提供了面向教师的建议，例如，针对该展品

的探究性问题,可在课堂中提问,激发学生的思考。教学资源页面被设计为
方便打印的排版布局,便于教师直接打印,并在课堂中使用。

图 3-26　大英博物馆教学资源页面

大英博物馆与三星企业合作推出了大英博物馆三星数字中心(见
图 3-27)。中心使用最新的三星数字设备,举办免费活动与研讨会,帮助青

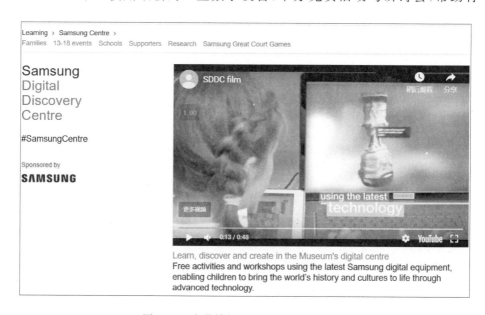

图 3-27　大英博物馆三星数字学习中心

少年创建自己的博物馆探寻之旅,学习世界文化。同时为各个年龄层提供了相应课程(见表 3-5)。例如为家庭提供三星 Great Court 游戏,让用户探索中国文化。为研究者提供学生学术研究、博物馆员工学术研究及其他相关研究的活动。并与学校合作开发了各类课程,提供设备与数字学习资源的支持,例如,"雅典娜的礼物""虚拟访问:印度河谷调查""非洲音乐""虚拟访问:罗马英国的宝藏挑战"等活动。

在"解码古埃及陵墓壁画"这一活动中,学习者可以观看重建内巴蒙陵墓的 3D 动画电影,初步了解陵墓壁画的信息,再通过博物馆内的馆藏了解古埃及人的生活、家庭、食物、爱好等相关知识,并在教师的引导下,使用三星平板电脑创建自己的墓画。

表 3-5　大英博物馆教育活动

对象	活动内容
家庭	三星 Great Court 游戏,探索中国文化
青少年	还未开发完全
学校课程	"雅典娜的礼物""虚拟访问:印度河谷调查""非洲音乐""虚拟访问:罗马英国的宝藏挑战""希腊神庙""科学调查员"等活动
研究者	学生学术研究、博物馆员工学术研究及其他相关研究

(3)古希腊探索游戏

大英博物馆推出了许多线上探索游戏,帮助用户更好地了解有关主题。"希腊历史"是其中一个历史类游戏,该主题分为十章,包含雅典卫城、雅典、日常生活、节日与游戏、地理、神祇、知识与学习、斯巴达、时间、战争等与古希腊相关的主题(见图 3-28)。

该游戏中的每章都由三部分构成:"故事""探索"和"挑战"。"故事"通过故事叙述的形式呈现该主题信息;"探索"则采用视频、图像、文字等方式呈现信息;"挑战"为游戏形式的活动,允许用户在与古希腊相关的主题背景下练习某些技能(如历史、分析、数学、观察)。"挑战"包含"建造帕特农神庙""找到男性公民""一个普通的清晨""匹配神与节日""打捞沉船找到正确的神""雅典的瘟疫""斯巴达的教育""希腊农忙""希腊海战"等十个游戏。

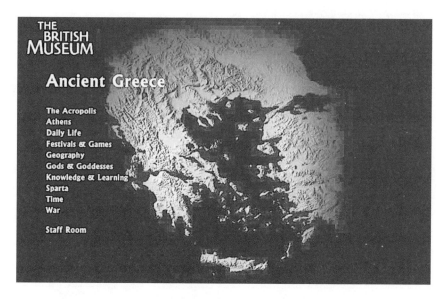

图 3-28　大英博物馆线上古希腊探索游戏页面

每一个游戏与相应章的主题密切相关,例如,在"建造帕特农神庙"的游戏中,用户可以设计自己的神庙。首先需要使他们了解构成希腊神庙的组件,例如用户可以选择使用多立克柱式或爱奥尼柱式作为神庙的支撑柱。在此基础上,用户依照自己对希腊文化的理解与个性化的标准创造一个属于自己的神庙。游戏结束后,用户可以继续探索希腊时期的各类神庙。除线上游戏外,大英博物馆同时为教师提供线上资源,资源可以在学校环境中独立使用,以培养学生的视觉分析、文本分析以及建立假设、对信息进行排序和分类及提取搜索关键词的能力。

第4章　博物馆中的非正式学习

在如今的信息爆炸时代,如何快速获取有效信息,进而掌握知识和技能变得越来越重要。人们逐渐开始关注正规教学以外的学习方式,例如以灵活的课程、任务、研讨会等组织化形式开展的,具有系统性、连续性的学习活动,即非正式学习。

我们可以从不同的角度,如场所、动机、评价方式、学习方式和学习内容来区分正式学习和非正式学习。亦有专家提出,可以将非正式学习的过程理解为正规教育之外的,不以明确的组织形式开展的,主要由学习者个体或者群体自发进行的知识和技能习得的过程(张剑平等,2018)。一般来说,非正式学习具有如下特点(王妍莉等,2011):①动机的自发性。非正式学习产生于学习者自身的需要,需要强烈的兴趣作支撑,是由内而外的动机驱使的。②时空的随意性。正式学习一般需要既定的学习时间和空间,而非正式学习随时随地都可以发生,完全取决于学习者的需求和所处时空的学习机会。③形式的多样性。社交活动、实地游览、网络探索、阅读和游戏等都是非正式学习的表现方式,非正式学习形式极为丰富,既可以通过独自学习产生,也可以在社交中产生。④内容的情境性。与正式学习拥有系统、完整的教学任务相比较,非正式学习的内容更具有情境性,更倾向于满足学习者实时的需求和兴趣。⑤学习效果的自评性。自发形成的非正式学习的效果评价仅以自身的满意度为依据,以自评的方式完成,不包括他人或社会性的评价。

博物馆中的学习是一种典型的非正式学习。根据建构主义学习理论,美国学者 Falk et al.(2004)建构了博物馆学习情境模型(contextual model of learning),该模型认为博物馆学习主要受到个人因素、物理环境因素和社会环境因素三个方面的影响,并从上述三个方面出发整理归纳出了物理空间的导引、展品和学习活动设计等十二大影响因素。

在博物馆学习中,个人的知识背景会极大地影响在博物馆环境下的知识建构。学习者对其参观行为的可选性和可控性是博物馆环境中自由选择式学习的体现。在个人因素方面,主要包含动机、先前知识经验、兴趣、选择与控制等几大因素。学习者的参观动机和期望决定了自身参观行为的计划性,同时面对虚拟化的博物馆学习环境,学习者对网络学习的态度和认同感也会影响学习活动的参与度和学习效果。学习者的知识背景主要包括已有的学科知识和相关知识的学习经验。有学者在实验中发现,丰富的学科知识能帮助学习者有效选择关键词和术语来检索信息,良好的系统知识则有助于学习者采用复杂、高级的技巧来获取所需内容(Hill et al.,1997)。

在物理环境因素方面,主要是指博物馆学习所发生的场所,大到空间、光线,小到信息展板及陈列物品。合理的物品空间安排和有效的空间指引直接增强参观者参观行为的有序性,进而提高参观和学习的效率。在信息技术的支持下,博物馆由实体向虚拟逐步发展,博物馆学习中的环境因素必须同时包含计算机及其网络基础设施,例如网络学习平台、学习工具以及学习资源等。同时,博物馆中的学习支持和服务体系对博物馆非正式学习的效果也有着不可忽视的影响。

在社会环境因素方面,主要是指在博物馆学习中,学习者之间的社会互动和学习者与组外人员(如博物馆解说员、指引者、示范者)的互动。在博物馆环境下的非正式学习中,不仅需要考虑人与人之间面对面的交互,学习社区、线上线下的交互程度、人际关系等社会因素也在很大程度上影响着非正式学习的成效(张剑平等,2018)。

一直以来,围绕博物馆进行的参观和学习活动始终是人们休闲生活的重要组成部分,在非正式学习较为普遍的西方国家尤其如此。随着ICT的高速发展,博物馆的学习环境发生了巨大的变化,博物馆运用丰富的多媒体手段,可以创设一种天然的"多媒体"环境(Zhao,2012)。这种多媒体环境使得传统的博物馆打破了长久以来时间上和空间上的限制,为学习者创设了一个真实的、支持性的文化境脉。尤其是近年来随着移动互联技术、虚拟现实、增强现实等新技术的深入应用,学习者足不出户就可以在高度逼真的网络虚拟博物馆中参观、体验和学习。而在实体博物馆参观时,室内定位、自然语言交互等新技术的介入,也使学习者在博物馆参观和学习时的主体性得到大大提升。目前,虚实结合的博物馆环境、线上线下一体化的混合学习方式已经逐渐融入人们的学习生活。在此大背景之下,博物馆学习又一次获得人们的关注(张剑平等,2017)。

4.1　博物馆学习发生的条件

如上文所述,近年来,随着以传感器、互联网为基础的物联网技术的发展和应用,将现实环境和虚拟环境有机结合的虚实融合的学习环境受到了研究者的关注。从博物馆学习的视角来看,虚实融合的博物馆既具有实体博物馆让人实际操作展品、使人真实体验博物馆学习情境的优势,又具有虚拟博物馆拥有大量在线网络资源、可支持远程学习的优势,因此可以更加有效地支持非正式学习的开展(夏文菁等,2015)。

既往研究之中,博物馆学习领域的研究人员习惯于针对学习者进行观察,并对学习者行为的变化进行测量以验证博物馆学习是否真实发生。但后续的多项研究证明,作为一种复杂的非正式学习活动,博物馆学习是一种过程性的学习,对其结果的考核和评价应该脱离一贯的依赖于行为的显著变化和数值的明显波动的模式。

有研究证明,博物馆拓宽了学习者获取信息的渠道,学习者在博物馆中能够获取课堂以外的信息与知识,同时,博物馆中丰富的资源也可以激发学习者的创新思维(张燕等,2015;郑旭东等,2015)。同时,博物馆学习是一种由学习情境所驱动的,自由而开放的学习,这与社会实践活动相类似,并且与专业知识的联系更加紧密(弓立新,2014)。此外,博物馆具备丰富的藏品、文献资料等学习资源,通过适当的学习活动设计方案,可以促使学习者与藏品之间发生有效互动,打破传统的展览介绍等单调的教育形式(汤雪平,2012)。可见,学习者创新思维的变化、新旧知识的关联,以及学习者与学习资源、学习环境以及与他人的各种形式的交互,或许是针对博物馆学习进行判断的更为适宜的标准。

常见的具有代表性的博物馆包括历史类博物馆、自然类博物馆、科技类博物馆以及艺术类博物馆等,与之相关的博物馆研究成果极为丰硕。通常在上述各种博物馆中,来自博物馆的研究人员希望从博物馆吸引力方面对博物馆进行描述及评价;而来自教育领域的研究人员则更加关注学习者花费在各个具体任务上的时间长度、获取知识的情况、思考及解决问题的能力的提升、动机态度的变化,以及学习者创造力的塑造等方面,并据此对博物馆学习活动进行评价。纵观既有的各项研究,关注学习者获取知识的情况及学习者的思考及解决问题的能力的提升是较为常见的应用于博物馆学习活动评价的要素。

在前人研究的基础上,学者 Falk 和 Dierking 在建构主义学习理论的基础上,提出著名的博物馆学习情境模型(Contextual Model of Learning)。他们认为,博物馆学习的三个重要因素为:个人因素、社会因素以及环境因素(Falk et al. ,2004)。博物馆学习的过程可以理解为学习者在特定的情境脉络中,通过持续的互动对自身的意义和身份进行建构的过程(许玮等,2015)。

综合上述分析,可以给出信息时代背景下博物馆学习取得成功的前提条件:将实体博物馆与数字化虚拟博物馆有机结合;参观的内容能够吸引参观者并能够激发其动机;参观过程中的知识与参观者先前的知识发生交互(Vartiainen et al. ,2012);参观者可选择适合自己的展示素材,以满足其认知偏好;参观者可以与其他人员就博物馆学习的内容进行交流和讨论;博物馆为参观者提供参观活动背景讲解或由专业讲解人员提供帮助(Gutwill et al. ,2012);参观者认可博物馆展品所蕴含的社会文化形态。

4.2 信息时代博物馆学习的主要特征

博物馆作为非正式学习发生的物理环境,是物(馆藏物品)、人(学习者)和社会文化交互碰撞的场所。与其他的非正式学习相比,博物馆学习具有其自身的特殊性。

4.2.1　虚实融合技术加强了学习情境建构

随着技术的高速发展,传统的实体博物馆和在线的虚拟博物馆可以基于技术相互融合,发展成一种新型的学习环境。《新媒体联盟地平线报告:2016 博物馆版》指出,在未来博物馆学习的发展趋势中技术发展对博物馆学习产生的深刻影响,同时列举了自带设备(BYOD)、增强现实技术、基于定位的技术等。

同时,博物馆学习与情境学习的观点十分切合。博物馆中的展品及其丰富的历史背景及文化内涵均为学习者构建学习情境的重要基础,能够帮助学习者在博物馆学习的过程中积极有效地进行意义建构。博物馆中多种技术手段的协调与配合能够提升学习者体验中的真实感,提升博物馆环境的沉浸性。因此,虚实融合的技术能够促进博物馆学习情境的建构,并对学习者产生积极的帮助。

4.2.2　博物馆学习与学校教育有机结合

我国于 2014 年颁发了《完善中华优秀传统文化教育指导纲要》,其中强调了应该加强我国的传统文化教育,并提出分学段有序推行的实施策略。上述指导纲要的思想,结合博物馆丰富的传统文化教育资源,可以促进正式教育与非正式教育的衔接,增强学校教育与博物馆教育的配合及各自优势的发挥,促进博物馆学习与学校教育有机结合。

4.2.3　博物馆学习能够有效促进社会互动

美国学者 Falk et al.(2004)曾经在其研究中指出,博物馆学习的目的不仅仅集中在获取知识和休闲放松,多名学习者表示他们非常看重博物馆学习过程中发生的"社会交往"(social bonding)和"社会学习"(social learning),甚至将其列为博物馆学习的重要目的。博物馆学习过程中的互动,通常包括与同伴的互动、与博物馆工作人员的互动以及与专家的互动。其研究证实,在博物馆学习的过程中,社会互动程度与认知改变存在着显著相关。换言之,学习者参与的社会互动越多,其获得的学习效果越好,研究显示社会互动能够提升博物馆学习效果。

4.2.4 博物馆学习有助于培养公众自觉的学习行为

与传统的正式学习不同的是,博物馆学习作为一种典型的非正式学习,较少受到外在动机的干涉。学习者脱离了学习成绩的压力和外界判断的制约,可以顺从内心的动机以及学习兴趣的引导,通过自己喜欢的方式学习自己喜欢的内容。博物馆学习的自主性同样可以在很大程度上对学习者的个性化方式提供支持。

4.3 博物馆学习对文化传承的促进作用

我国的博物馆建设可以追溯至清朝末年,起源于积贫积弱的社会背景之中,在发展初期就承担了"广国民之新识"和"开民智"的使命(康有为,1995)。学者黄春雨(2015)在其研究中指出,起步阶段的中国博物馆以"劝业型"与"教育型"为主,因而它们"更看重的是开放与直观的陈列展览传播教育功能,而非收藏特性"。学者刘玉斌(2019)认为,中国博物馆是带着强烈的社会责任感逐步成长起来的,在新中国成立后相当长的一段时间内,博物馆有效发挥了宣传思想、改造社会的重要职能。近年来,互联网的普及在全世界范围内促进着人们的互动和文化的融合,随着 ICT 的高速发展,人们迎来了汹涌的全球化浪潮,同时也不得不面对自身独特的文化传统逐渐消融的困境。与此同时,伴随我国社会经济的高速发展,民众的文化自信心逐渐觉醒,对传统文化的重视程度显著提升,对进一步认识、理解、传承传统文化产生了较高的热情和学习兴趣。

在如今的历史时期之中,博物馆应该更加充分地意识到文化传承的必要性和重要性,主动承担展示和保护传统文化的责任。同时通过多种多样的博物馆学习方式,帮助学习者关注并理解优秀的传统文化,去伪存真、取其精华地将优秀的传统文化不断传承下去。结合上文所述信息时代博物馆学习的主要特征,信息时代的博物馆学习对文化传承的促进作用主要体现在如下几个方面。

4.3.1　博物馆学习情境有助于学习者对文化内涵的理解

情境学习理论主要关注知识与情境之间的交互过程。有学者认为,情境不仅仅是学习者在学习过程中的辅助手段,情境本身就是学习活动的重要组成部分,它与知识的获取过程和信息的传递过程息息相关,不可分割(陈秋怡,2016)。同时有研究者提出,学习者是在与情境的互动之中习得知识,学习过程与认知过程在本质上都是情境性的。由此可见,情境的创设对于学习者学习过程有着深远的影响。

伴随情境学习理论的发展,知识与情境之间的交互作用获得了更多研究者的关注,并逐步应用到教育活动之中。聚焦于情境学习的学者们大多认同知识的情境性。值得注意的是,学者迈克尔·波兰尼(Polanyi M,1959)在其著作中指出,"人类的知识有两种。通常被描述为知识的,即以书面文字、图表和数学公式加以表述的,只是一种类型的知识。而未被表述的知识,我们在做某事的行动中所拥有的知识,是另一种知识"。他将前者称为显性知识,而将后者称为隐性知识。日本学者野中郁次郎则认为:"隐性知识是高度个人化的知识,它深深地根植于个体所处环境的约束。隐性知识包括个体的思维模式、信仰观点和心智模式等,这些模式、信仰和观点如此根深蒂固,以至于我们习以为常,不自觉地接受了它们的存在,并在观察世界的时候受到它们巨大的冲击。"(Ming Z,2010)

由此不难发现,文化传承视野下的知识包含大量的隐性知识,而情境学习对提升学习者对隐性知识的理解和掌握有着不可忽视的作用。基于上述背景,充分发挥博物馆学习的优势,综合运用多种技术构建适宜的学习情境,能够有效提升知识的情境性,促进学习者对隐性知识的掌握,进而有助于学习者对优秀传统文化内涵的深入思考和主动传承。

4.3.2　馆校结合有效推进了传统文化教育

教育职能是博物馆职能的重要组成部分(宋伯胤,1986),虽然博物馆教育与学校教育存在着诸多差异,"但从本质上看,学校教育与博物馆之间并没有不可逾越的鸿沟,二者都是进行智力投资的科学教育机构,目的都是在开拓智力,培育人才"。学者项隆元(1991)在其研究中指出,从博物馆发展的历史来看,博物馆教育与学校教育有着长期而亲密的协作关系,二者在教育者、教育对象、教育内容、教育方式以及教育时间等方面均有一定的相似性,同时博物馆教育亦有其自身独特的优势。

进入 21 世纪以来,随着学校教育的全面改革以及素质教育理念的不断普及,博物馆教育迎来了全新的发展契机。学者丁福利(1999)在其研究中指出,博物馆是推行素质教育的重要场所,同时是对学校教育的有力补充,促进馆校的结合和协作既是对学校推进素质教育的有效支持,又是博物馆自身发展的重要契机。同时,他还对博物馆在素质教育领域的机遇和职能进行了剖析,并基于此提出了博物馆中的教育工作者的相应职责。学者钱进(2014)在其研究中针对国家政策进行了细致的解读,并据此指出博物馆与学校教育相互配合、共同发展的契机之所在。基于上述背景,分析了博物馆在素质教育不断推进和学校教育改革逐渐深入的浪潮中面临的多重机遇和挑战。

学者宋向光(2015)则在其文章中对博物馆教育与学校教育相互结合的未来发展趋势和动态做出了预测,同时针对博物馆教育的概念、意义以及内涵进行了剖析。在此基础上,围绕藏品、学习者心理和教学活动设计三个方面分别提出针对性建议。

具体来说,在博物馆藏品方面,博物馆应该更加关注藏品信息和相关知识的整合,注重博物馆的藏品中所蕴含的知识与校内学习内容的有效关联,并选用适合学习者的呈现方式对其进行展示。在学习者心理方面,博物馆中每一个学习环境所对应的学习任务应是不同的,博物馆中的工作人员应该注重调动学习者的兴趣,充分利用博物馆学习不同于学校教育的独特优势,有针对性地激发学习者的学习动机,以保证博物馆学习的效果。在教学活动设计方面,博物馆要加强对教学项目的活动设计,不仅追求如何保存和展示展品,同时追求结合学校教育的内容,弥补学校教育的不足,积极传播和弘扬博物馆的展品中所蕴含的思想和理念(宋向光,2015)。

另有研究者通过专著表述了其对博物馆与学校协作的思考。例如学者刘婉珍(2002)在其著作《美术馆教育理念与实务》中详细分析了美术馆与学校的协作方式及其内涵,并提出具有针对性的建议,例如重视观念和态度的更新;通过行动研究和做中学的方式开展具体协作;建立资源共享中心以促进教师和美术馆工作人员的互动；共建协作式社区；等等。该书同时阐述了博物馆学校化和学校博物馆化的相关内容，并围绕博物馆教育的诸多议题进行了讨论与反思。

亦有研究者聚焦于博物馆所蕴含的丰富的教育资源，及其多样化的教学形式，并将其理解为学校教育的有力补充。国家文物局推出了"指南针计划"，该计划旨在深入挖掘并实证我国古代发明创造的文化遗产的多重价值，提升文化遗产保护研究和展示传播的整体水平，同时努力推进博物馆"贴近实际、贴近生活、贴近群众"，增强博物馆陈列展览的学术性、知识性、趣味性和观赏性，进而促进国家文化遗产资源的保护，同时弘扬祖国优秀传统文化。"指南针计划"包涵多个领域的研究内容，例如农业、医学、水利、交通、材料、纺织等领域共计 10 个主体类项目。同时设有战略规划研究、专项调查、机构建设、教育培训、学术交流等 9 个基础类项目。整个计划共计包含 19 个项目，各个项目之间相互关联，互为支撑。

该计划设有青少年基地，专门促进学校与博物馆的有效互动与共同发展。通过对其中案例的详细分析，研究人员认为，"指南针计划"的青少年基地，让传统的文化遗产"触手可及"，通过"做中学"的方式让学生亲自尝试，享受学习和探索的快乐，并充分地发挥了博物馆中通过实物进行体验式学习的优势，有效地弥补了学校教育的短板，积极帮助学生深入了解并亲自体验文化遗产中蕴含的历史知识和艺术审美（冯统，2017）。

在当下的社会环境中，各个国家各个民族均显著加强了对文化建设的重视程度。优秀而独特的传统文化是民族自信心的根源，亦是国家凝聚力的核心要素之一。从本质上看，博物馆学习的过程是一种文化适应的过程。学习者在博物馆中自由地参观学习，交流互动，在宽松的氛围中自主探索，潜移默化地接受博物馆传递的知识内容，并逐步认同知识背后的文化内核，使文化内核在无形中生生不息，代代相传。

基于上述背景，各个国家在课程设置中普遍开始重视学习者的文化觉识、文化表达以及文化理解等，并将其列为学习者的核心素养之一。近年来，我国不断加强传统文化教育，并据此提出分学段有序推行的实施策略。一直以来，由于学校教育受到资源的制约和学习方式的限制，在上述方面具有一定的局限，如上文所述，博物馆通过多种方式恰好弥补了学校教育的短板,其中充沛的学习资源和以学习者为中心的学习方式均适宜于传统文化教育的推进。基于此,博物馆教育与学校教育的有机结合势必可以取长补短,紧密合作,在较大程度上提升传统文化教育的水平。

4.3.3　博物馆中的社会互动促进了文化传播

有多位研究者的研究共同证实,学习过程中的交互对于学习效果的提升非常重要。这种影响不仅仅集中在学习成果的提升方面,同时体现在学习兴趣的增长、学习体验的优化等方面。例如美国学者 Falk et al.(2004)在其研究中提出,博物馆中的"社会交往"和"社会学习"甚至是他们进行博物馆学习的重要目的之一。

与正式学习不同,博物馆学习作为一种典型的非正式学习,在其学习过程中存在着极为丰富的互动类型,例如学习者与同伴的互动、与博物馆中的工作人员的互动、与博物馆中专家的互动、与同行的教师或家长的互动等。Falk et al.(2004)的研究同时证实,在博物馆学习的过程中,参与的社会互动越多,该学习者获得的学习效果往往越好。换言之,社会互动在某种程度上可以促进博物馆学习。

基于文化传播的视角,互动的多样性可以带来多种文化观点的相互碰撞,这本身就是一个对多元文化的觉知和认同的过程。在宽松自由的博物馆环境之中,逐步认识不同的文化类型并对其进行思考,并在博物馆内部工作人员或专家的帮助下对其进行探索和学习,在与同伴或家长的交流之中形成自己的文化观点并与他人进行分享。上述过程是自然发生的文化传播过程,这一过程借由社会互动的形式进行,并围绕社会互动不断扩散,社会互动对其有显著的促进作用。

4.3.4　公众自觉的学习行为推动了文化传承

有研究者发现,学习者在博物馆中参观并对某一个展品产生兴趣,这极有可能会引发学习者的比对与思考,以及围绕展品的附带信息进行反思(Donald,1991)。上述思维过程可能包含视觉上的区别和分辨,对展品的呈现形式与表达内涵之间的关联与理解,以及对展品表现形式满意程度的判断(Ecker,1963)。学者 Dufresne-Tasse 和 Lefebvre 在不同类型的博物馆中观察到了非常相似的学习过程(Donald,1991)。多位研究者将博物馆学习的过程整合归纳为:学习者在博物馆中接触到某个展品,然后围绕这一展品开展积极的思考与联想,并提出相关的疑问,在针对疑问寻获答案的过程中不断完善自己的认知,直至形成进一步的结论。学习者在这一过程中不断地寻找和赋予新的展品一些特征和标识,使之与自己既有的认知结构和学习经验产生关联,以此为契机去理解和接纳展品内涵及其附带的相关信息。由此可见,博物馆学习的过程是学习者不断在自身的既有经验和先前知识中融入并且吸纳新的知识与信息的过程。基于文化传承的视角,可以将上述过程理解为文化认同的过程。

同时,由于博物馆学习与传统的学校教育不同,学习者可以不必受制于外界环境的干预和评价机制的限制,自由、自主、自愿地通过自己适宜的方式学习自己喜欢的内容,这无疑有助于培养学习者的学习兴趣,鼓励学习者对博物馆中的传统文化进行深入的探索。博物馆学习的自主性亦可以对学习者的个性化提供支持。加之博物馆中蕴含的大量的学习资源以及与传统文化相关的丰富的知识背景,均对培养学习者自主的、长期的学习习惯大有裨益。

总体来说,博物馆学习不仅尊重学习者的个性化特征,同时支持公众自觉自主的学习方式,使公众得以养成定期在博物馆中参观和学习的良好习惯,并在参观和学习的过程中自发了解文化传统及其知识背景,自然而然地接受并传承其中的优秀传统文化。

4.4　博物馆学习的核心素养与多元目标

近年来,作为基础教育领域的重要理念,围绕各个学科的"核心素养"来确立课程学习的多元目标,成为是联合国教科文组织、欧洲联盟、经济合作与发展组织等推进未来课程建设和理论重构的重要理念之一。在这里,核心素养决定着课程的价值所在,能够较为全面地反映出本学科的教学目标。例如,欧盟将核心素养的主体概括为以下 8 个方面:使用母语交流(communication in mother tongue)、使用外语交流(communication in foreign language)、数学素养与基本的科学技术素养(mathematical competence and basic competences in science and technology)、数字素养(digital competence)、学会学习(learning to learn)、社会与公民素养(social and civic competence)、主动意识与创业精神(sense of initiative and entrepreneurship)、文化觉识与文化表达(cultural awareness and expression)等。英国于 2007 年颁布基础教育阶段科学课程的核心素养,将科学思维,科学的运用与启示,文化理解,合作、实践和探究技巧,批判性地理解科学证据,交流等纳入其中。在我国,《国家中长期教育改革和发展规划纲要(2010—2020 年)》则明确指出,要"制定教育质量国家标准,建立健全教育质量保障体系"(夏文菁等,2015)。

因此,从操作性角度来看,不妨将上述的"多元目标"看作是"核心素养"的主要载体。就博物馆学习而言,传统文化作为历史长河的非物质文化结晶,它所蕴含的思维方式、价值观念、行为准则等为开创新文化提供了历史依据和现实基础。博物馆学习作为非正式学习的一个重要分支,可以考虑建立起相应的核心素养,并围绕核心素养设计学习活动的多元目标,在此基础上进行博物馆学习的活动设计及实践。本着立足国情、汲取先进文化内涵的思想,对传统文化进行创造性的传承,有利于确立中国现代民族文化的原则。博物馆作为文化传播的重要场所,在构建博物馆学习的核心素养与多元目标时应当考虑如下要素:时空观念、文化理解、多元联系、探究技巧、批判性理解、发展意识(夏文菁等,2015)。信息时代博物馆学习的核心素养与多元目标的一级指标及具体表现请参照表 4-1:

表 4-1　文化传承视野下博物馆评价维度

一级指标	具体表现
时空观念	• 认识历史事件发生的文化背景 • 客观理解历史事件发生情境 • 引导学习者反思和迁移知识 • 帮助学习者探索历史脉络
文化理解	• 传播文化 • 促进知识与文化的理解和迁移
多元联系	• 提供观察和体验不同文化(不同国家、民族、宗教、时期)的机会 • 感知历史人文的融合发展,结合时空观,形成多元联系

续表

一级指标	具体表现
探究技巧	• 向学习者提供探究文物的契机和"脚手架" • 激发探究的兴趣 • 提升探究能力
批判性思维	• 培养正确的信念和价值观 • 培养包容的心态(对多元文化的接纳与理解) • 培养对文化的好奇心 • 培养独立思考的能力 • 培养对历史文化的系统性批判思维
发展意识	• 感受历史文化的发展和变革 • 以发展的眼光看待问题 • 分析与解决问题

4.5　典型案例

本小节将参照文化传承视野下的信息时代博物馆学习的核心素养与多元目标的分析框架,通过四个具体案例,对博物馆学习及其对文化传承的促进作用进行分析。

4.5.1　美国自然历史博物馆——"丝绸之路旅行"

(1)场馆简介

位于纽约的美国自然历史博物馆(American Museum of Natural History,www.amnh.org)拥有 45 个展厅,是全美博物馆的发源地。它包含了生物多样性、环境大厅、地球和行星科学大厅、化石大厅、人类起源与文化大厅、罗斯地球和太空中心以及探索室。

博物馆提供的数据显示,每年都有超过 40 万名中小学生通过学校组团到该博物馆进行参观,并参加博物馆组织的教育活动。博物馆安排专门的讲解员,在给学生们介绍馆藏的同时,也带领学生动手做实验,使他们初步了解诸如环境、恐龙时代、宇宙及世界文化等话题。除了当地的公立学校

外,博物馆还与美国一些主要科学教科书的出版商进行合作。博物馆面向
1~6 年级的科学教科书提供内容与素材。博物馆的教育项目涉及面非常
广泛,从幼儿园开始,一直延伸到博士及博士后的研究项目。

（2）展览介绍

"丝绸之路旅行"由美国自然历史博物馆与意大利罗马的 Azienda
Speciale Palaexpo 和都灵的 Codice Idee Per la Cultura Srl 合作举办。该展
览于 2009 年 11 月 14 日开展,至 2010 年 9 月中旬结束。展览沿着历史上
最伟大的贸易路线——丝绸之路展开,并围绕整个路线中四个具有代表性
的城市的商业和文化进行介绍,四个城市分别为丝绸之路的起点西安、青翠
的绿洲和贸易前哨吐鲁番、繁荣的商人家园撒马尔罕、商业沃土与学术中心
巴格达,同时穿插海上丝绸之路的部分介绍。学习者扮演一名在丝绸之路
上的旅客,分别在丝绸之路上的各个城市进行停留,通过完成既定的任务,
了解壮观的景点、多元的文化与技术,以及激动人心的历史故事(表 4-2)。

表 4-2 "丝绸之路旅行"展览版块

序号	标题	内容
1	西安	丝绸的秘密——丝绸由来的传说 音乐的声音——中国古典乐器介绍
2	吐鲁番	寻找食谱——如何制作吐鲁番美食 交易市场——介绍奢侈品及多元的外国商品
3	撒马尔罕	纸张——撒马尔罕特殊的制纸工艺 沙漠旅行者——骆驼如何在沙漠中生存
4	巴格达	学术中心——巴格达黄金时期各个领域的专家 玻璃——古代吹制玻璃的步骤
5	海上丝绸之路	海上丝绸之路的兴起

由于目前该展览的线下展出部分已经停止,所以全部资源需要通过美
国自然历史博物馆的数字馆获取。

（3）学习活动设计

①分阶段学习任务
为帮助学习者更好地了解丝绸之路的文化传统,美国自然历史博物

馆针对不同年龄的学习者制定了不同的教材及指引，包含简介、参观前准备、参观安排、参观后感想、巩固学习、在线资源、学习单、国家课程标准等部分。

其中 3～5 年级的学习者，学习单从简单的寓言引入。首先学习什么是寓言，然后了解丝绸之路沿线的寓言故事，最终自己编写寓言故事。6～8 年级的学习者的参观主题为丝绸之路的地理位置，学习者需要探索丝绸之路的贸易路线及沿线城市的地理位置，同时了解该贸易路线的具体意义，并且选择其中一个沿线城市，对其地理环境及贸易图谱进行复述。9～12 年级的学习者把丝绸之路作为研究对象，探究丝绸之路沿线所使用的各种技术，例如蚕茧纺丝、造纸、天文仪、水钟等，并利用现代的科学知识及材料，发明一项新技术或改进当时的技术，使之能够应用于丝绸之路。

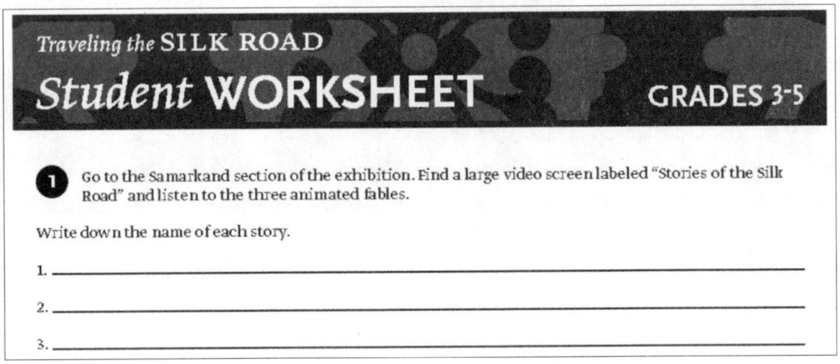
Traveling the SILK ROAD
Student WORKSHEET
GRADES 3-5

1 Go to the Samarkand section of the exhibition. Find a large video screen labeled "Stories of the Silk Road" and listen to the three animated fables.

Write down the name of each story.

1. __________

2. __________

3. __________

图 4-1　3～5 年级参观活动学习单

学习者从课堂到博物馆的全部环节均有相应的说明及指引，且内容及学习单(图 4-1)具有灵活性、探究性，能够激发学习者的思维。例如在 9～12 年级有关技术考察的项目中，学习者需要讨论并回答在展览中所探索的技术与现代技术的对应关系，它是如何穿过时间的洪流从而影响 21 世纪的生活的。类似技术和产品可能包括：造纸与电脑、丝绸与高科技面料、玻璃与硅树脂等。在激发记忆的同时，帮助学习者建立历史与现代生活在文化与技术方面的关联，旨在培养学习者以发展的眼光看待问题的能力。

②Ology 学习平台及活动内容

Ology 学习平台(https://www.amnh.org/explore/ology)是美国自然

历史博物馆开设的青少年在线学习平台,该平台学习专题分类多种多样,涵盖人类学、考古学、天文学、生物学、古生物学、物理等内容,主要适用于初中和高中学生。每个专题依照内容类型划分为游戏、故事、活动、视频四类。由于专题文章的内容与学校教育中的词汇课和形成性评估相匹配,所以教师可以使用 Ology 作为课堂中的阅读材料。

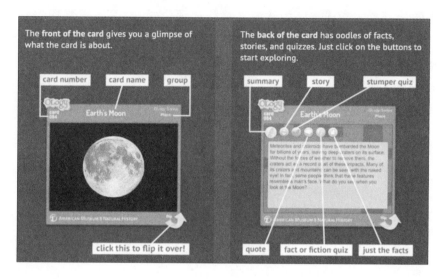

图 4-2　Ology 卡片简介

美国自然历史博物馆还推出了一系列的知识卡片(Ology)(图 4-2),隐藏在网站上。只需要找到内容中的红色星号标记,单击星号即可查看知识卡片。卡片的正面是卡片名称、分类及图片文字,卡片的背面是概述、故事信息、单项选择、是非判断、有趣的事实等板块的内容。

在 Ology 平台中包含丝绸之路的相关内容,分别为"丝绸之路的声音""丝绸之路寓言""体验古法造纸术"。

1)"丝绸之路的声音"

该部分介绍丝绸之路沿途旅行者的音乐,如悠扬婉转的长笛、尖锐冲突的镲片、一锤定音的鼓声等(图 4-3)。音乐在丝绸之路上不断进行着分享、传播、融合、演变。该页面包括听乐曲、创作乐曲、了解乐器三个部分。听乐曲部分选择了"白蛇传说"这一中国古典戏曲故事,包含了共计 6 种乐器的声音。学习者可以选择通过点击乐器控制该乐器声音的开关,组合不同的

图 4-3　"丝绸之路的声音"

乐器并了解每一种乐器的声音,以及它在乐曲中扮演的角色(旋律、和声、节奏)。在创作乐曲部分中,学习者可以制作自己的音乐,通过点击 6 种乐器右方坐标的小方块(横轴表示节拍,纵轴表示音高),选择自己想要的乐器及乐谱。学习者可以在过程中实时听到自己所创作的音乐,并将其发布在自动生成的链接网页中。在了解乐器部分,学习者可以探索琵琶、二胡、笙、鼓和钹这 5 种乐器的结构、吹奏方式及在乐曲中扮演的角色。

2)"丝绸之路寓言"

该部分是由丝绸之路中的旅行者讲述富含人生哲理的寓言故事。模块分为三个寓言故事、一个简单的寓言及其含义配对游戏。三个寓言故事为"永不满足的石匠""放下金蛋的鹅""狮子和野兔",每一个故事都来源于丝绸之路上的古代画作。网页通过简短的 Flash 动画,揭示了故事背后的人生哲理,从而传递文化观念。之后学习者可以选择匹配寓言故事与其中蕴含的文化内涵。网站还提供了有关寓言故事的 PDF 阅读手册,便于教师在课程中使用或学习者自学。

3)"古法造纸术"

该部分介绍了中国古代的制纸工艺,并教授学习者在日常生活中利用材料制作纸张。页面提供了造纸所需要的器材清单、详细步骤的图文解说以及中国古代用竹子制作纸张的说明,还备注了制作的注意事项,例如"完成制作后,不要将残留物倒在排水管上,请将其丢弃或将其冷冻在塑料袋中以备后用"来帮助学习者培养自身的环保意识。

（4）活动对文化传承的促进作用

通过上述游戏帮助学习者了解丝绸之路中的重要城市，以及城市中的商业模式及文化特征。学生在"丝绸之路旅行"展览中的结构化学习体验评估显示，三分之二的学生能够描述展览的基本理念，四分之一的学生能够对其进行详细的阐述。超过半数的学生可以把展览中某一部分和他们的生活联系起来。将近半数的学生能提出关于丝绸之路内容的具体问题。部分学生专程写信给博物馆，感谢工作人员使他们有机会参与本次"丝绸之路旅行"展览。

上述调查均能体现，学生在参观展览的过程中，对东方文化的了解和接纳程度比较乐观，同时绝大多数学生有兴趣进一步了解相关文化，并在学校设置的课程中表现出积极的学习态度和较为浓厚的学习兴趣。图 4-4 为参观过本次展览的学生对本次展览反馈的词频图，本次展览中对文化传承促进作用的具体分析请参看表 4-3。

图 4-4 "丝绸之路旅行"参观者反馈的词频图

表 4-3　"丝绸之路旅行"展览活动评价

一级指标	具体表现
时空观念	• 了解公元 600 年至 1200 年间丝绸之路的兴起与衰落过程,及沿线的各个重要城市 • 引导学习者迁移知识,例如学习各个地域的寓言故事,并学习如何创作一个寓言故事 • 帮助学习者理清丝绸之路的路线,及沿线各个城市的贸易图
文化理解	• 了解丝绸之路上的多元文化融合的过程
多元联系	• 体验四个不同城市的风土人情和文化民俗 • 感知过去的丝绸之路的文化融合过程以及丝绸之路时期的技术对现代的影响
探究技巧	• 为学习者提供"脚手架",帮助其学习,例如,"古法造纸术"中,将需要的材料及每个步骤列表说明,学习者在家中也能体验造纸的艺术 • 激发学习者探究兴趣,在寓言创作环节先由一个故事开始,学习者提出自己对寓言的理解 • 提升学习者探究能力,在"丝绸之路的音乐"中,学习者自主创作音乐,给予其更多的探索空间
批判性思维	• 包容的心态 • 培养对丝绸之路上多元文化的接纳与理解 • 培养对文化的好奇心,利用有趣的事实及生动的场景构建,提升学习者兴趣 • 培养对历史文化的系统性批判思维,在参观后学习者能够针对参观提出自己的问题与看法
发展意识	• 感受历史文化的发展和变革,思考海上丝绸之路兴起的原因及其对陆上丝绸之路带来的冲击、影响 • 以发展的眼光看待问题,例如,建立历史与现代生活的文化、技术联系,培养学习者以发展的眼光看待问题的能力

4.5.2　浙江教育数字博物馆——"文明之旅"

(1)场馆简介

浙江教育数字博物馆于 2015 年由浙江省教育技术中心与浙江大学合作开发完成。开发过程历时四年,通过第一、二期工程的建设,突破了实体馆的场地限制,网络平台与数字化资源已初具规模,并在进一步的完善和发展之中。浙江教育数字博物馆包含"四馆一平台",分别为"主题馆""教育文物""教育记忆""校史馆"以及"学习体验"平台。"主题馆"中包含了浙江省各个历史时期的教育发展概述,大体分为古代馆、现代馆、近代馆。"教育文物"分为教学用具、书画碑文、老旧证书、各类试卷、教育古迹五个类别。"教育记忆"分为重要事件、历史剪影、校训故事、浙江院士、古今名人等五个类别,分别阐释了浙江教育发展史上的重要事件与人物。"校史馆"包含浙江省部分高校、中小学的校史材料。"学习体验"平台为学习互动区域,分为数字故事、网络探究、仿真交互、互动答题、在线游戏,共计五类内容。在线游戏栏目中包含"文明之旅"游戏。

(2)"文明之旅"学习活动设计

"文明之旅"游戏(http://museum.zjedu.org/game/museum_travel/index.html)是根据浙江教育数字博物馆古代馆中的史料设计、建模,反映原始时期浙江文明发展脉络的教育类网络游戏(图4-5)。通过这款游戏,学习者可以侧面了解原始时期浙江的教育发展,身临其境地感受原始文明。"文明之旅"为一款模拟类沙盘游戏。游戏设有5道关卡,分别为原始时期、秦汉六朝、隋唐五代、宋元、明清。游戏从原始时期开始,用户需要获得相应的分数,并制作出相应的器具,方能开启下一段文明。

游戏开场时有一段简短的Flash对河姆渡文化与良渚文化进行介绍。选定文明的起源地后,在加载页面中会出现关于该地点主要产业及技术发展状况的信息。进入游戏后,由土地神(NPC)介绍情况,并给学习者布置任务。例如,开篇需要通过开采矿石获得资源后制作石质农具,通过石质农具开垦土地,制作陶器并进行符号绘画等。任务完成后,系统进入下一阶段,会对本阶段的科技及资源数值进行打分。页面的左上方会实时提示学习者分数,页面的右下方则为帮助、技能与道具。学习者亦可以通过右上方的提示实时获得帮助信息。游戏的自由度较高,学习者的每一次选择将直接影响文明的历程。例如一开始选择河姆渡文化还是良渚文化,将决定初始的环境资源的差异,从而影响后期的历史走向。在每一个历史时期,当发生重要的历史事件时,页面中会弹出提示信息,例如当学习者获得道具"耜耕"后,将进入耜耕阶段,能够更加有效地开垦土地。目前游戏展示开发至越国

图 4-5 "文明之旅"游戏截图

时期,后续阶段还需要探索开发。为满足学习者的好奇心,相关文物均会有对应的博物卡,用以介绍该文物的名称、来源、收藏单位等信息。

(3)活动对文化传承的促进作用

"文明之旅"游戏对文化传承促进作用的具体分析请参照看 4-4。

表 4-4 "文明之旅"游戏评价

一级指标	具体表现
时空观念	• 了解历史发展进程中每个阶段的知识,例如,原始时代良渚器皿上的图案 • 学习者需要灵活运用各个时期所学习的知识及技能,例如,使用获得的耜耕开垦土地以获得科技点
文化理解	• 了解每个时代的技术产生的原因
多元联系	• 了解代与代之间的传承关系,例如,每学会一项新的技术便会延续到下一场景中
探究技巧	• 探究不同的选择策略对文明发展结果的影响,例如,选择制作耜耕开垦土地可以获得更多的科技点用以发展
批判性思维	• 辩证地看待每个选择所带来的收获与遗憾

续表

一级指标	具体表现
发展意识	• 从长远的发展眼光看待当下的社会发展,例如,不过度伤害自然,为后代建设一个良好的生存环境;合理分配资金,以保证国家的长久平稳发展

4.5.3　伦敦博物馆——"伦敦大火"

（1）场馆简介

伦敦博物馆讲述了伦敦古城从史前时期到 20 世纪跨越 2000 多年的社会历史。其藏品包含古董及考古、家具与装潢、服饰与珠宝、工艺与设计、军事工艺品、玩具与童年、科学与博物学、视觉艺术等,可见其丰富与广博。博物馆开设了展览、工作坊、漫游等活动项目,吸引不同群体参与其多元的学习活动。

2016 年是历史上著名的伦敦大火发生 350 周年。伦敦大火是伦敦市历史上最具破坏性的事件之一。为了纪念这一重要时刻,伦敦博物馆建立了 The Great Fire of London（"伦敦大火"）网站（http://www. fireoflondon. org. uk/）,为学习者了解这一历史事件创建了一个深入的交互指南,并重新打造了互动式游戏。

（2）"伦敦大火"学习活动设计

网站共分为探索、游戏以及重历伦敦大火三个部分。

①探索伦敦地图

探索板块在手绘的伦敦地图上展开（图 4-6）,主要向学习者介绍了伦敦大火发生的前因后果。例如 1666 年的伦敦大火并非是伦敦市的第一场大火,当时整个城市的消防基础非常薄弱。点击地图中的提示,便会展开详细的基于史料的描述（表 4-5）。1666 年伦敦没有消防队。每个教区都使用水桶、斧头、消防钩和梯子来扑灭火灾。其中消防钩用于拉下建筑物以防止火势蔓延。但钩子很长很重,需要几个人合力才能使用。伦敦金融城有几台手动抽水机,但其喷水效果较差。上述背景为之后伦敦大火的发生埋下了伏笔。

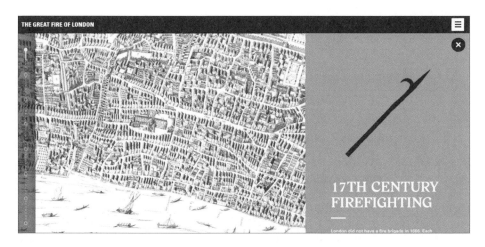

图 4-6　"伦敦大火"在线探索地图

表 4-5　"伦敦大火"地图内容

阶段	提示	内容
大火之前	伦敦火热的过去	这场大火不是伦敦的第一场大火,在 60 年、中世纪、1630 年均发生过严重的火灾
	17 世纪的消防	伦敦在 1666 年没有消防队及消防车,每个伦敦教区都用水桶、斧头、消防钩和梯子来灭火
	大火的预测	1665 年查理二世国王写信给伦敦市长,警告他悬垂的木屋和狭窄的街道中潜藏的火灾危险
大火开始了	大火开始了	火灾始于 1666 年 9 月 2 日凌晨 1 点左右,位于伦敦市布丁巷的一家面包店。布丁巷堆放了许多容易燃烧的东西,例如焦油、绳子、油和白兰地。市长曾视察火情,但认为火情不严重,便没有重视。强风加速了火势蔓延且木制建筑物极度易燃
	人们如何对抗火灾	消防设备不足、所使用的技术(火喷、皮革桶、消防钩)耗时、人们的消极情绪都使得火灾愈演愈烈
	消防岗位	1666 年 9 月 3 日查理二世国王和他的兄弟詹姆斯·约克公爵,介入组织消防工作。他们在纽约市周围设立了八个消防基地,每个消防基地有 30 名士兵和 100 名当地志愿者

续表

阶段	提示	内容
火势缓和	人们如何对抗火灾	使用火药炸毁房屋,避免灾情的扩散。同时风向开始转变,大火渐渐熄灭。此后多个地区发生小型火灾但最终都被有效地扑灭
	火中的动物	伦敦在 1666 年拥有庞大的动物种群,大火导致大量动物受伤、死亡,亦有许多动物被其主人带到安全地区或逃脱火焰
火灾发生后	大火之后的其他伦敦火灾	大火之后,伦敦并没有吸取经验教训,消防设施的配置依旧落后。在此之后,又发生了多次大火,例如,1676 年南华克大火、1698 年白宫大火等
	大火之后的消防措施	市政当局发布了防止火灾发生的规则。城市被划分为 4 个区块,每个区块都有 800 个皮革桶、50 个梯子、24 个镐和 40 把铲子作为消防设备。此外还有消防车、火灾保险及火灾预警人员

随着大火的蔓延,手绘地图中会使用火焰来标识火灾的蔓延情况(可切换至阴影模式以便于更加清晰地观看),地图也可以随时切换为当下的伦敦地区行政地图,便于学习者对照比较。

在了解了火灾发生的前因后果后,学习者可自主探索火灾对伦敦市居民生活、社会政治、街道与建筑物的影响。从真正的伦敦人的视角对火灾进行观察,并了解火灾期间和火灾之后发生的事情。日记、信件和目击证人的个人陈述使 17 世纪的伦敦栩栩如生。例如在伦敦市居民生活专题中,讲述了人们在火灾之前是如何在日常生活中使用火的,人们是如何发现大火的,无家可归的人如何在大火中生存下来;火灾期间人们拯救了什么又失去了什么,目击者对于火灾的描述,火灾的伤亡人数等;火灾后消防法庭中租户与房东之间的纠纷,灾后成立的救济基金。所有的小节都以小标题和问题的方式引入,以激发学习者的深入思考。

②"伦敦大火"游戏

在"伦敦大火"游戏中学习者需要根据伦敦大火中的汤姆(贫民窟的孩子)、简(塞缪尔·佩皮斯的女仆)的火灾故事,帮助他们度过伦敦大火发生的六天(表 4-6)。这款游戏是 2008 年版本的重制版,在画面、情节和交互等各方面进行了重塑和提升(图 4-7)。游戏以大火发生的六天为线索,每天划分为一章,并依次设有小节。故事随着游戏进程逐步推进,每章均有任务需要学习者完成。学习者可以通过一系列迷你游戏了解大火中人们的应对办法,帮助疏散居民,并保护居民的财物;在火灾后重建城市,并从火灾中学习消防的理论知识。游戏结束后,学习者可收获一张游戏通关的证书。

表 4-6 "伦敦大火"游戏内容

时间	游戏名称	游戏内容
第一天	我们如何了解历史	选择合适的材料了解人们在 1666 年所居住房屋的结构 选择合适的历史材料以了解火灾开始的地点 选择合适的历史材料以了解人们在火灾中的经历 选择合适的历史材料以了解人们如何对抗火灾
	选择灭火器具	选择符合游戏时代背景的灭火器具
	扑灭火灾	帮助主人公汤姆使用皮革桶扑灭邻居家中的火灾
第二天	选择正确的物品	帮助主人公简选择在火灾中需要带走的贵重物品
	使用消防钩	使用消防钩将着火房屋的邻近房屋拆解,以避免火灾波及周围的房屋
第三天	使用炸药	使用炸药炸毁着火房屋的邻近房屋,以避免火灾波及周围的房屋
第四天	匹配物品	匹配大火前与大火后房屋内的物品
	我们如何了解历史	选择合适的历史材料以了解在大火中被损坏的物品
火灾后 (第五天、 第六天)	选择房屋	在大火后,城市应该选择建造怎样的房屋以避免火灾发生
	选择标志	火灾后为房屋选择合适的标志,标识房屋以纳入防火保险
	选择时间线	重新回忆火灾发生的时间线
	制作水壶	制作水壶以帮助学习者铭记此次火灾

　　游戏右下方有塞缪尔·佩皮斯的日记可以实时查看。学习者在游戏过程中可以实时看到选择正确与否及相应提示。游戏中有很多有趣的设定,例如在扑灭火灾中,最后学习者一定不能扑灭大火,因为仅仅使用皮革桶盛放的水量不足以扑灭迅速蔓延的大火。

　　学习者在游戏中可以了解大火是如何开始和蔓延的,大部分的中世纪的建筑均被大火所毁灭以及应该如何重建这些建筑,伦敦人在大火中的遭遇以及生活的转变,火灾所处的社会背景及其在全国和全世界的影响。

图 4-7 "伦敦大火"游戏截图

③在 Minecraft 中重历伦敦大火

为了纪念这座城市历史上最具毁灭性的火灾 350 周年,伦敦博物馆利用 Minecraft 电脑游戏中逼真的虚拟体验,创造了 Great Fire 1666。Great Fire 1666 采用了一套全新的 Minecraft 地图,将为学习者提供独特而身临其境的视角。博物馆与 Minecrafters 合作,建立了一个 17 世纪伦敦的详细虚拟模型,之后将其烧毁。每张地图均包含挑战任务,以帮助学习者深入了解故事,作为其中的成员亲历伦敦大火。

(3)活动对文化传承的促进作用

可以从时空观念、文化理解、多元联系、探究技巧、批判性思维、发展意识等方面对"伦敦大火"学习活动对文化传承的促进作用进行评价,具体如表 4-7 所示。

表 4-7 "伦敦大火"学习活动评价

一级指标	具体表现
时空观念	• 认识伦敦大火发生的历史时代背景 • 了解当时伦敦人民扑火所使用的器具 • 引导学习者思考伦敦大火发生的原因

续表

一级指标	具体表现
文化理解	• 了解伦敦大火发生的前因后果
多元联系	• 了解伦敦大火发生时不同阶层群体的遭遇 • 伦敦大火对其他国家所带来的启示 • 了解伦敦大火后,浴火重生的伦敦新城
探究技巧	• 向学习者提供探究文物的契机,在地图探索中,每一章均以一个简短的问题开篇,激发学习者兴趣,并为其提供探究学习的"脚手架",例如,火灾期间人们失去了什么物品
批判性思维	• 通过巧妙的游戏设计,促使玩家思考伦敦大火的发生是否可以避免
发展意识	• 感受伦敦在经历了大火后的历史文化的发展和变革 • 了解伦敦为防止此类事件再次发生所做出的努力

4.5.4 苏格兰国家博物馆——"维京海盗"

(1)场馆简介

苏格兰国家博物馆的早期人物画廊介绍了苏格兰第一批定居者的生活。维京人是苏格兰历史上著名的入侵者之一,他们在 8 世纪意外地来到这片土地。随着时间的推移,许多维京人开始在苏格兰定居,而其他一些维京人则利用苏格兰作为中介,建立起今日发达的贸易网络。

(2)"维京海盗"学习活动设计

①"维京海盗"展览

"维京海盗"展览(https://www.nms.ac.uk/explore-our-collections/games/vikings-training-school/)包含四个主题,分别为认识维京人、掠夺者和商人、定居者和农民、勇士和英雄(表 4-8)。同时,展览中还设有维京探索区以及面向公众免费开放的活动区域,学习者可以在其中自由探索或者进行角色扮演。展览中提供维京文物盒,这是一盒真实地经过复制的维京文物,以帮助学习者更好地了解历史。

表 4-8 "维京海盗"展览内容

主题	活动	内容
认识维京人	维京人的坟墓	找出坟墓中可能没有腐坏的物品 讨论坟墓中陪葬的物品,现代人是否还在使用
	维京女性	帮助维京女性穿好衣服及配饰 讨论为什么需要在陪葬品中放入配饰、珠宝等物品
掠夺者和商人	海盗船	在海盗船的简笔画中加上一只舵和一根桅杆 挑选出维京人出海所携带的三件最重要的物品 讨论维京人为何在苏格兰地区定居
	维京商人	设计盒子外面的图案 找到北欧海盗用于替代货币的 2 种银器 讨论不同的砝码设计
定居者和农民	手推石磨	找到画作中与展览物品相符的 10 件物品 匹配物品及其产地 讨论维京人为什么在苏格兰制造榭皮石
	苏格兰的胸针	补充胸针正面图纸上缺少的部分 选择能够证明胸针曾被维京人拥有的证据(照片、装饰、文字) 阅读标签,解读维京人传递的信息 讨论在维京人到来前苏格兰人民的生活
勇士和英雄	维京海盗	补充图中维京战士丢失的部分武器 圈出有关维京人武器的正确描述 讨论为什么展品架子上的护盾有严重的凹痕
	富有的维京人	补充调查报告 讨论维京人为什么埋藏宝藏,为什么没有取回宝藏

在展览提供的电子手册中还包含了展出物品的背景介绍、关键性的探索问题、趣味知识、学习活动以及拓展资料等信息,以便于教师在课堂中使用(见图 4-8)。

②"维京海盗"游戏

维京海盗既是勇猛的战士、聪明的手工制作者,也是技术高超的航海士。学习者通过本活动学习如何成为一名维京海盗。学习者进入游戏后可以挑选某个性别的角色,并为角色取一个心仪的名字(见图 4-9)。

挑战共分为三部分,战斗、手工和航海挑战。战斗与狩猎是成为战士的重要技能,学习者需要使用小刀击中十个目标以赢得认可。击打精准度越

图 4-8 "维京海盗"展览学习手册

图 4-9 "维京海盗"游戏截图

高,分数越高。进入该挑战后,可以选择不同的武器,例如小刀、长矛、斧子。完成击打后,系统会自动给出分数及评级。手工是生产中重要的技能,学习者需要学习如何使用不同的材料,制作出不同的物品。选择由木头或骨头制成的器物,沿着提供的轮廓以及提示完成物品制作,制作物品精确度越高,分数越高。而航海挑战则需要优秀的导航能力,维京人为了贸易需要出海远航,并沿着航路返回自己的家园。学习者需要选择一条航路,并帮助船穿过海洋顺利到达苏格兰。完成的速度越快,分数越高,但需要小心沿途的礁石,并善用海上风向。完成所有挑战后,系统会自动给出最终评级,并宣布学习者成为一名维京海盗。

(3)活动对文化传承的促进作用

博物馆通过"维京海盗"展览及"维京海盗"游戏,系统地向学习者展示了维京人的历史发展脉络、文化民俗、手工制品等(表4-9)。

表 4-9 "维京海盗"学习活动评价

一级指标	具体表现
时空观念	• 认识维京海盗出现的历史节点与历史环境 • 客观理解维京人入侵苏格兰时的历史背景 • 引导学习者反思和迁移知识,例如找寻在苏格兰胸针上的维京人标记
文化理解	• 传播维京人的历史与民族文化 • 促进知识与文化的理解和迁移
多元联系	• 提供观察和体验不同文化(不同时期、国家、民族、宗教)的机会 • 感知历史人文的融合发展,结合时空观,形成多元联系,例如维京人当时所使用的器具,是否有与当代相类似的
探究技巧	• 向学习者提供探究文物的契机和"脚手架",使用电子学习手册,帮助学习者逐步掌握有关维京人的基础知识 • 通过有趣的游戏和问题激发学习者的探究热情 • 借助环环相扣的问题设置,提升学习者的探究能力,例如,从海盗船简笔画中的要素补充,到挑选出维京人出海所携带的三件最重要的物品,最后讨论为何维京人要漂洋过海到苏格兰地区定居
批判性思维	• 培养对历史文化的系统性批判思维,所有材料均来源于史料,减少主观判断对学习者带来的影响
发展意识	• 感受维京人历史上的繁荣与衰落

第 5 章　博物馆中的创客教育

5.1　创客与创新教育

创客，来自英语"maker"，即"制造者"或"创造者"，指工程师、艺术家或任何动手做的人。创客活动起源于美国麻省理工学院 2001 年创立的"制作实验室"（Fabrication Laboratory，Fab Lab），该实验室支持用户从个人创意、个人设计，直到个人制造的全过程（Halverson et al.，2014）；为了推动创造和创新平民化，2005 年，*Make* 杂志社举办"制汇节（Maker Faire）"（李卢一等，2018）；2012 年，《创客：新工业革命》一书的出版，预示着创客正式进入全球公众视野（Anderson，2012）；美国"国家创造日"和创客周的设定，表明创客在政府的支持下稳步发展。

当前时代，创客更强调利用技术，尤其是 ICT，将创意转换为现实的"制造者"或"创造者"（Anderson，2012）。创客也代表一种社会文化和思维方式——自由、开放、民主、草根传播，代表一种人生态度——一切皆有可能，不走寻常路（杨现民等，2015）。当然，创客首先是一种学习方式：强调实践操作的体验式学习。本章将对博物馆中基于创客的教学活动设计及案例进行介绍。

创客教育是创客文化与教育融合的产物，目的在于培养人们的创新意识、创新思维和创新能力（鲍贤清，2016）。创客教育有两种含义，分别为"创客的教育"——培养创客人才；以及"创客式教育"——用创客的理念和方式改造教育(杨现民等,2015)。本章重点关注第二种:创客式教育,即在博物馆的创客空间中,如何开展基于创客的教学活动。

5.2 博物馆中的创客空间

创客空间是指帮助创客们分享知识和创意、实现创意想法的开放场所(例如实验室、工作室、机械加工室等),通常场所中配备有一定科技含量的软硬件工具、材料等(徐思彦等,2014)。创客空间建设在正式和非正式的学习环境领域均取得了不错的成绩,一些学校相继建立了创客空间,如基础教育阶段的温州中学"DF 创客空间"、上海市格致中学的"创新实验室"等,高等教育阶段的清华大学的 I. center、同济大学的 Fablab 等都是典型代表。近年来,博物馆的功能逐步由"收藏、陈列、研究"向"教育、研究、欣赏"转变,随着博物馆教育功能的逐步凸显(张剑平等,2016b),一些非正式的学习场所诸如博物馆也相继参与到创客空间建设的进程之中,使得正式学习和非正式学习的界限逐渐模糊,促使学习变得更为常态化。

美国的博物馆界以敏锐的洞察力率先开始了博物馆创客空间的试点工作,例如纽约科学馆、旧金山探索馆、大都会艺术博物馆都已经相继建立了创客空间,并向创客们敞开大门。鉴于博物馆和图书馆作为"第二课堂",为公众提供校外学习和终身学习的机会,美国博物馆和图书馆协会还发起了名为"Make@Your"的图书馆和博物馆项目。该项目主要帮助全美的图书馆和博物馆搭建"创客空间",为创客们实现创意想法提供有效的工具和资源,并鼓励创客们积极参与博物馆和图书馆举办的学习与实践活动。《新媒体联盟地平线报告:2015 博物馆版》预测"创客空间"是将来一年或者一年之内推动博物馆发展与变革的关键技术之一(Johnson et al. ,2015)。

目前,博物馆创客空间的数量迅速增长,为创客活动的开展提供了条件支撑。国内外多家博物馆、科技馆纷纷在馆内建设创客空间或者创新实验室以支持创客教育,如纽约科学馆的巧匠工作室,匹兹堡儿童博物馆的创作工作坊,中国铁路博物馆、中国科技馆创建的科普活动实验室等都是比较典型的代表。创客空间或者创新实验室的建立使得这些原先以文化消费为主的博物馆逐步向创意制作场所转变(赵中建等,2015)。

　　同时,博物馆创客空间的功能逐步完善。虚实结合扩充了博物馆创客空间的功能,为更大范围内的人参与、享受创客活动提供了条件。实体创客空间通过提供诸如锤子、缝纫设备、编织设备、电路电子、数字媒体工具等资源及工具实现创意性想法的桥梁性功能,尤其是各类技术的运用有助于实体创客空间实现更为复杂的功能,例如一些实体创客空间在开源硬件企业等的支持下,配备了 Arduino、树莓派、pcDuino 等开源硬件开发平台以及 3D 打印机等设备以支持复杂数字化作品的制作。虚拟创客空间则利用网络通过资源库模块等为参与者提供更多的资源和信息,允许人们通过平台或者配套终端等工具参与创客活动并发表自己的看法,打破了时间、空间、外界条件的限制,符合"人人皆学、处处能学、时时可学"的学习型社会的要求,例如澳大利亚的应用艺术和科学博物馆的线上创客活动"Scratch 游戏设计",允许参与者们自己动手设计游戏并能够将作品进行在线共享。

　　此外,博物馆创客空间的活动类型逐渐丰富。博物馆创客空间主要是由环境、人、物品组成:其中环境包含物理环境、虚拟环境、人文环境;人主要包含指导者、参与者、家长;物品既包含导电贴纸、发光二极管、硬纸板等不经过培训即可使用的低技术需求材料,也包含需要一定知识和技能基础方可进行操作的 3D 打印机、激光切割机等高技术需求材料。人与人、人与物之间发生的交互不断扩充着博物馆创客空间的功能,其中人与人的交互占据主体地位,并在时间、空间上不断交织。人与人的交互是双向的,其外显行为主要包括肢体动作和言语交流,主要类型包括参与者与参与者的交互、参与者与指导者或家长的交互以及指导者与家长的交互,前两类交互突出指导性和合作交流性,而指导者和家长的交互通常旨在了解参与者的背景信息,以便后期开展更具针对性的创客活动(王婷等,2015)。人与物的交互是单向的,其外显行为主要包含肢体动作,是指参与者根据设计方案,在指导者的帮助下,调动先前的认知经验,充分发挥自主学习,在实践操作中完成自己的创意和想法。

5.3　创客与开放教育资源

2002 年联合国教科文组织（United Nations Educational，Scientific and Cultural Organization， UNESCO）首次提出开放教育资源（Open Educational Resources，OER）的概念并将其定义为：在基于非商业用途的前提下，通过信息技术将教育资源提供给人们以供其自由参考、使用和修改。2006 年 UNESCO 在 OER 论坛的总结报告中将 OER 定义为：基于网络的数字化素材，人们在教育、学习和研究中可以自由开放地使用和重用的素材（Joyce，2006）。

经济合作与发展组织（Organization for Economic Co-operation and Development，OECD）的报告中进一步明确 OER 的目标人群：教育者、学生和自学者（OECD，2007），这也是目前被广泛采用的定义。OER 的开放性主要表现在人们可以通过技术等方式共享、贡献（新增或者修改）资源，扩大资源的使用范畴或者增加其整体价值；教育性主要是指其内容、使用者（包含自学者）、目的都是与教育相关的；资源性主要包含内容（课程素材、学习对象、期刊等）、工具（内容搜索和组织工具、内容和学习管理系统等）、实施资源（许可工具、最佳实践等）。

OER 的开放性、共享性等特征促进了创客运动的发展。创客运动可以理解为"互联网＋DIY（Do It Yourself）"（杨现民等，2015），即通过互联网等信息技术的支持，人人都可以像科学家、发明家一样利用身边的资源（如软件、硬件、材料、专家、同伴等），将创意灵感转变为现实，并将创意方案、过程和结果等多方面信息在世界范围内共享。从上述表述中可以看出，创客运动充分体现了开放性和共享性，创客们在实体或者网络环境之中，基于各类器材、工具、照片、视音频、开放课程等资源的支持，将创意性想法落地，同时还可以实现作品的共享。

美国旧金山科学探索馆中设立的修补工作坊（http://tinkering.exploratorium.edu/）专门为有兴趣深入了解该馆的参观者提供服务。在工作坊里，参观者可以和科学家、教育家、艺术家及馆内工作人员进行交流讨论,也可以参与有趣的科学实验。除了参与现场活动外,教师和学生还可以下载不同主题的项目指南并在教室中开展相应活动。工作坊中的每个活动都是开源的,教师和学生可以将自己的创意融入活动中。除了提供活动指南外,探索馆还在大型网络公开课平台 Coursera 中提供了时长为 6 周的配套课程"动手入门:在实践中学习科技知识",该课程主要介绍如何设计高质量的科技教育活动、影响活动的关键因素等相关知识。

创意作品分享社区(http://www.instructables.com/)是一个针对初中生的免费提供资源的开放社区,该社区起源于美国麻省理工学院媒体实验室的创意作品分享社区,是创客们的热门聚集地。在社区里,任何人都可以通过文字、照片和视频来探索、学习并分享不同的创意和项目,教师和学生可以利用该平台开发和丰富项目。网站包括探索、创造、竞赛和社区四大板块。在探索板块,用户可以根据自己的兴趣选择技术、游戏、家具等不同的主题,也可以浏览网友们最近的热门创意。网站定期组织不同类型的比赛以积聚人气,并通过组建小组、论坛和问答等不同形式促进有相同爱好的学习者交流。

5.4　博物馆创客教学设计案例

5.4.1　匹兹堡儿童博物馆——基于创客活动的"支架式"教学

(1)案例说明

美国匹兹堡儿童博物馆的创作工作坊,由卡内基·梅隆大学娱乐技术中心和匹兹堡大学校外学习中心联合建立,占地约 167 平方米(约 1800 平方英尺)。创作工作坊设置了电工车间、缝纫工作间、木工工作间,每个工作间都配备相应的物质材料或数字媒体,为 8 至 12 岁的孩子提供了做实验并进行创作的条件。该博物馆奉行的重要设计思路是"使用真材实料",创作工作坊自然成为让参与者使用真材实料进行制作的最佳场所,本案例介绍的场所为缝纫工作间。

在本案例中,每个工作间中都配有专门的指导人员,在工作时间内,会有 2～3 名指导者随时提供帮助,指导者依据参与者的年龄、兴趣以及经验为其提供个性化指导。当然,如果参与者不需要指导者的帮助,也可以独立进行实践,同时还可以让参观的陪同者(如父母等)作为指导者。本案例的参与者是一位名叫艾玛的儿童,指导者是其参观的陪同人员:妈妈。

"支架式"教学策略是指教学活动开始时,指导者以"最近发展区"(指学习者在指导者的帮助下,目前的水平和期望达到的水平之间的差距,即两个邻近发展阶段间的过渡状态)为依据,为学习者搭建学习的"脚手架",给予其最大程度的帮助。但后续随着学习者学习的不断深入,指导者的指导作用逐步减弱,最后鼓励学习者完全自主地进行探究。本案例中使用"支架式"教学策略作为教学活动设计策略。

(2)案例实施

①学习目标

艾玛和妈妈经常参观匹兹堡儿童博物馆,也经常在工作坊中尝试一些创作实践的活动,本案例中艾玛参与创客活动的目标为制作一个普通的枕头。

②学习过程

依据妈妈作为指导者提供指导的程度,本案例将学习过程分为以下四个阶段:

第一阶段,学习缝纫的基础技能。由于艾玛完全没有缝纫基础,因此刚开始的时候由妈妈指导艾玛使用针线并进行缝纫活动,妈妈耐心指导,艾玛认真操作实践。该过程中妈妈是完全的教师(指导者)角色,艾玛是完全的学习者角色,艾玛的参与动机在实践中被逐渐激发。

第二阶段,枕套制作。由于艾玛已经掌握缝纫的基本技能,妈妈的指导方式也开始发生变化,口头指示从指示性的语气(展示并告知如何操作)到支持探究性的语气(如果这样改变会更好,比我想象得好)等。在制作过程中存在一个难点,即必须把线打结并固定在枕套的两侧,这需要灵巧和准确的操作,是对缝纫技能的扩展,但艾玛的妈妈依然鼓励艾玛自主操作,只是在必要时候提供一些指导。最终,一个初步成形的枕套顺利完成。该过程中妈妈指导者角色强度逐渐减弱,从示范缝纫到提供帮助与支持,由完全的指导者转变为鼓励艾玛利用经验知识自主探究的鼓励者。

第三阶段,枕套填充。枕套完成之后的一个重要内容是填充物的制作,考虑到艾玛对填充物并不了解,妈妈通过对枕头的构造的解释,将填充物相关知识告诉艾玛,并向艾玛展示了一个利用废弃织物做成的填充物。艾玛在妈妈的指导下顺利做成了填充物,并将其填充缝制到枕套里面。该过程中妈妈又恢复指导者角色,但与第一阶段的完全指导者不同,其指导方式发生了改变,先进行相关知识的介绍和样本展示,在此基础上鼓励艾玛进行自主探究。

第四阶段,作品创新。基于前期的创作基础,此时艾玛产生了创意性想法:在枕头上缝制纽扣充当枕头的"眼睛",此时,妈妈鼓励艾玛大胆探索,彻底改变了指导者的角色,让艾玛在缝纫上拥有完全的自主权。最终艾玛和妈妈制作了一个带"眼睛"的枕头,并且对于该创新作品非常满意。此外,艾玛还骄傲地将作品展示给周围的小伙伴共同欣赏,可以看出艾玛确实体会到了创作的乐趣。

③学习结果

由刚开始的学习目标可知,艾玛的最初目的是制作一个普通枕头,但最后在妈妈的指导和鼓励下,形成了具有创意性的作品:"带眼睛的枕头"(Brahms,2014)。

(3)案例评价

本案例以"支架式"教学策略作为创客教学的实施方式,具有以下特征。

学习目标的自主性:该案例中艾玛自己有明确的目标,因此创客活动对动机的激发、情景创设等教学的铺垫性工作关注不多,而更加注重后续的实践支持。

创作的灵活性:创作的灵活性主要体现在以下两个方面。第一是过程及作品的灵活性。从本案例中可以看出,艾玛的最初目的是制作普通枕头,但到最后形成了具有创意性的"带眼睛的枕头",表明创客教学能够依据创作过程不断调整学习内容,具有较强的灵活性,这也是创客教学的一大优势。第二是指导者角色的灵活性。妈妈作为指导者,在整个创作过程中,角色可以灵活切换,由完全的指导者转换为鼓励者和指导者,最终转换为完全的鼓励者,为创客教学的顺利开展提供了基础保障。

5.4.2 武汉科技馆——基于创客活动的探究性教学

(1)案例说明

武汉科技馆于 1990 年 3 月对外开放,2006 年改扩建后重新开放,是集多功能、综合性、智能化于一体的特大型科普教育活动场所。科技馆中设置有实验室,实验室分为操作台、学习区、展示区、设备存放区四个主要区域。操作台上配备有基本材料,如马达、弹簧、开关、电阻、剪刀、尺子、铅笔、橡皮、滑动变阻器等,每个操作台可供 3~5 名学生使用。本案例中学习者们的实践活动主要借助操作台完成。

学习者包含 35 名学生,其中小学生 19 名,初中生 16 名(初一学生 10 名,初二学生和初三学生共计 6 名)。绝大多数学生对创客教育的理解处于浅层次阶段,有些甚至从没有听说过,5 名学生接触过简单的纸电路设计活动,6 名学生对电路工作原理比较熟悉,但是没有实践经验。本案例依据学生的知识背景、年龄、兴趣爱好等,将学生分为 10 个小组,每组 3 至 4 人。

(2)案例实施

本案例在"教师主导,学生主体"的指导思想下,让学习者在整个创作过程中最大限度地发挥主动性,享受创作的乐趣。案例的实施分为以下五个阶段:创设情境与引出问题、初步探究、提出方案、实施方案、作品评价与反思改进。

第一阶段为创设情景与引出问题。通过物品展示和场景创设,将学习者引入探究的主题。其中展示的物品包括:创意贺卡、立体纸电路模型以及开关控制的可播放音乐的立体旋转木马模型。场景创设则是以现实生活中经常遇到的问题为背景,例如过斑马线时,夜间视线不清晰或对交通信号灯辨识不清可能带来危险。那么如何解决该问题?可以设计一道"城市智慧斑马线",进而引出问题——如何设计"城市智慧斑马线"。

第二阶段为初步探究。该阶段的主要目的是理解背景知识。首先,教师通过基本的操作演示,让学习者学习电路相关知识,例如连通电路。然后在理解背景知识的基础上鼓励学习者进行深层次探究,如串联或并联电路,进而设计出更复杂的电路。

第三阶段为提出方案。此阶段,各个小组针对问题进行头脑风暴,提出解决方案并绘制设计草图。需要注意的是,经过头脑风暴,每个小组可能产生若干的解决方案,组员们可以从可操作性、有效性、复杂程度等多方面对方案进行筛选。方案筛选好之后,还可以在方案的汇报阶段对方案进行进一步优化。

第四阶段为实施方案。各小组在方案的指导下,利用现有材料开展实践活动。该阶段对指导者有较高要求,他们要善于观察小组的活动开展情况,如果学习者按照设计思路顺利开展实践,则不必介入活动中;如果学习者正面临操作的难题,需要注意的是,指导者不能直接提供指导,而是应该先让学习者们尝试错误,而后再提供指导,以此来提高学习者们的学习兴趣。

第五阶段为作品的评价与反思改进。活动结束后,各组首先以口头或文字的形式展示自己的作品,然后进行作品评价。评价由学习者自评、小组互评、指导者评价三部分组成,评价内容包含个体在小组中的贡献、小组合作情况和最终的作品质量。反思指总结制作过程中的成功和失败之处,以便后期提升和改进(马莹华,2017)。

(3)案例评价

该案例鼓励学习者通过自主探究设计具有创意性的"城市智慧斑马线",案例具有以下特点:

①情景性。在情境创设与引出问题的阶段,通过物品展示和场景创设,激发学习者们的学习动机,引入学习主题,进而提出需解决的问题。

②试误性。在实施方案阶段,当指导者观察到学习者们出现操作困难或错误时,并没有及时阻止,而是在学习者经历错误、认真反思之后才给予指导,这在一定程度上有助于学习者加深对知识的理解。

第6章　博物馆中的游戏与游戏化

6.1　严肃游戏与游戏化

　　严肃游戏与游戏化的研究已有较长的历史,20世纪50年代中期,以商业视频游戏的开发与设计为主的游戏研究逐步兴起。20世纪80年代后,部分学者开始关注视频游戏的教育价值,探究如何利用游戏激发学习者的学习动机,并试图将游戏应用于教学活动中。此后,游戏的教育应用研究逐步成为教育技术研究的热点(刘汉龙,2017)。

　　严肃游戏有多种不同的表述方式,如:娱教技术(edutainment)、数字化游戏学习(digital game-based learning)、电子游戏教学(e-game teaching)等。其概念界定众说纷纭,祝智庭等人(2015)提出教育游戏是将生命的体验与乐趣变为学习的目的与手段的一套工具和方法论。尚俊杰等(2005)及田爱奎(2007)将教育游戏定义为集合了教育目的及游戏动机的计算机媒介。[①] 电子游戏一般可分为六大类:动作游戏(action game,简称ACT)、冒险游戏(adventure game,简称AVG)、模拟游戏(simulation game,简称SIM或SLG)、运动游戏(sports game,简称SPG)、益智游戏(puzzle game,简称PUZ)和角色扮演游戏(role-playing game,简称RPG)(Adams,2009)。

---

　　① 虽然严肃游戏概念内涵有诸多版本,但其核心本质为教育与游戏的融合。由此教育游戏的分类也可以借鉴电子游戏的分类。

　　游戏化概念最早来源于 1980 年埃塞克斯大学教授理查德・巴特尔 (Richard Bartle) 提出的"将不是游戏的东西变成游戏"。其概念内涵与当前的游戏化概念有所不同,其内涵类似于大众公司提出的乐趣理论,通过在日常生活中创造不经意的乐趣来改变人们的行为习惯。例如,利用钢琴琴键样式的阶梯吸引来往的行人通过楼梯步行上下,而非乘坐电子扶梯;利用能发出物体坠入深渊声响的垃圾桶,鼓励人们将垃圾丢入垃圾桶。其中蕴含的乐趣及目的,正是游戏化所希望达到的目标(Werbach et al.,2012)。2011 年,Deterding et al.(2011)在区分游戏化、严肃游戏和游戏性交互设计这三个概念的基础上,给出了一个目前学界较为认可的定义:"游戏化是指在非游戏情境中使用游戏设计元素。"这一概念包含了三个关键要素,分别为"非游戏情景""游戏化元素""游戏设计技术"。游戏化在现代生活中应用广泛,例如脸书网开发的小游戏 Cityville,在 41 天内实现从 0 至 1000 万的用户增长。游戏化的核心价值在于提高用户的参与度,激发用户动机,激励用户在一个安全的环境中不断试错,探索更多的可能性(尚俊杰等,2015)。游戏化学习则是游戏化在教育领域的应用,游戏化学习是将游戏要素融入学习活动,增强学习体验,促进学习者的学习动机与兴趣,激发其学习行为的过程(张剑平等,2016a)。游戏化学习利用游戏元素进行设计(如游戏动力、机制、组件等),旨在为学习中的困境提供一套更有效的系统解决方案(石晋阳等,2016)。

6.2　博物馆游戏化学习应用

6.2.1　博物馆游戏化学习设计原则

　　博物馆的游戏化学习应提供一个情境,使学习者能够体验历史发生的情境脉络,了解科学知识,从而对过去、未来的自我与环境有所认识,并在此过程中提供探究的契机和"脚手架",激发学习者对多元文化的兴趣,培养其正确的信念和价值观、独立思考的能力及批判性思维,进而促进知识与文化的理解和迁移,使学习者学会以发展的眼光看待、分析与解决问题。

为了提升游戏中学习者的体验,游戏设计可以考虑以下原则:①利用有趣新颖的游戏元素激发学习者的学习动机。学习是由学习者的动机驱动的积极主动的建构过程,因此如何激发学习者的动机在学习中尤为重要。②构建真实情境,激发并引导学习者意义建构。将任务镶嵌在有意义的、接近真实世界的情境之中,有助于激发学习者参与交互式学习的积极性。③强化合作学习,形成协作团体。面对复杂的非良构问题,必须依靠团队的力量,在学习者之间形成复杂的认知交流和认知协作,④提高游戏的自由度,使学习者能够充分发挥主动性,自主设计学习策略。学习者根据自身行动的反馈信息形成对客观事物的认识和解决实际问题的方案。⑤及时的反馈信息,帮助学习者巩固所学习到的内容与知识(蒋宇等,2011)。

6.2.2　博物馆游戏化机制与要素

游戏元素为游戏共有的一组构建模块或功能。早期教育游戏设计中学习元素与游戏元素常常分离,导致学习者缺乏完整的学习体验,而游戏元素的选用也局限于吸引学习者的彩色图形,而不与学习体验产生关联(Egenfeldt-Nielson,2011)。在选择游戏元素时需要思考该游戏元素能否有效地激发学习者动机,游戏元素的选用是否是一个有意义的选择,这个选择是否易于被量化与控制,它与现有的激励系统是否协调。

Werbach et al.(2012)提出了DMC模型(图6-1),将游戏化元素分为3个层次,分别为动力元素、机制元素、组件元素。动力元素是最概览性的抽象要素,包含约束、情感、叙事、进展、关系等。

机制元素是推进游戏进程和用户交互的基本工具,包含挑战、机会、竞争、合作、反馈、资源获取、奖励、交易、回合、获胜状态等。最后的组件元素

图 6-1　DMC 模型

是动力元素和机制元素具体的展现形式,例如成就、徽章、收集、战斗、内容解锁、排行榜、等级、积分、任务、社交图谱、团队、虚拟商品等。不同组件元素的组合会产生不同的效果,进而引发不同的机制及动力要素(刘汉龙,2017)。如果将 DMC 系统比作一个房子,那动力元素就是房子的建构理念及意义,机制要素就像房子的整体建设框架,组件要素即为房子的各个组成单元。以下是博物馆中常用的一些游戏化组件。

(1)积分

积分是游戏化设计中最常用的游戏机制之一,可以用于限制玩家行动、兑换特定物品、测算评分排行等。博物馆可以通过积分系统,吸引用户与博物馆建立长期的联系。例如,博物馆可推出以参观学习积分兑换博物馆内的手工艺品的活动,以此吸引更多的用户前往博物馆。

(2)等级系统

等级常用于呈现玩家的游戏进程,使玩家了解自身水平,或用于引出特定的游戏元素、定义游戏难度、增加游戏复杂性及游戏深度等。博物馆中等级系统使用较少,博物馆可创建馆内知识等级测试,让用户在完成挑战的过程中巩固已学到的知识。

(3)排行榜

排行榜的作用是形成简单的比较,为发展竞争关系做铺垫。常用的排行榜有两种类型,无限排行榜和无障碍排行榜。无限排行榜仅展示位于前列的玩家,故而可能导致新手玩家产生较大心理落差。无障碍排行榜是在无限排行榜的基础上改良而来的。无障碍排行榜中玩家始终处于排行榜的中间,位于玩家上方的是成绩稍高于自己的玩家。无障碍排行榜为玩家提供了击败前一个玩家的具体路径。在博物馆中建立无障碍排行榜,能够激发用户的竞争性与好奇心,进而鼓励用户不断探索博物馆中的元素。

(4)徽章

徽章是玩家达成特定游戏目标的标识,也是玩家游戏历程的展现。人们对徽章的渴望来源于不同的动机,例如热爱收集、渴望意外惊喜以及审美需求等。徽章分为明确徽章和随机徽章两类:其中明确徽章能使玩家的目标具体化,并促使玩家依照需要调整自己的行为;而随机徽章则能带给玩家以惊喜。博物馆可搭配使用这两种不同的徽章,以给用户提供目标与惊喜。

(5)任务

任务的主要作用是引导玩家在游戏中运用策略完成挑战。在进入游戏初期,有新手任务帮助玩家熟悉游戏界面及相关操作。随着玩家游戏时间的拉长,游戏任务也逐渐增多,难度逐渐增加。游戏除单人任务之外,也有较多玩家参与的协作型任务,协作型任务能够更好地构建社会交互网络,鼓励玩家与他人进行互动。

(6)角色设定

游戏中有多种实现角色个性化设定的方式,最常见的形式为虚拟形象管理。玩家可在系统中自定义虚拟形象的性别、发型、发色、服饰、技能,甚至游戏的面板布局等。大多数设计者认为个性化的设定能够较好地促进玩家的责任感及认同感。设计个性化创造模块时需要留意创造难度,如果游戏中所有的要素均需要玩家自主选择,可能会使玩家陷入选择焦虑中,进而降低玩家的满意度。适度的选择会产生愉悦感,而过多的选择则会消耗玩家的注意力和学习热情。博物馆可通过用户虚拟形象模块与馆内元素的整合,吸引用户参与并创造属于自己的虚拟形象。

(7)反馈

反馈是玩家的游戏行为所引发的结果,其基本类型有两种:正反馈和负反馈。正反馈可以激发游戏中的竞争,负反馈可控制玩家间的差距。反馈系统帮助玩家了解自己的进程、与目标的距离,以帮助玩家在长期任务中树立信心。

游戏化学习活动设计是一组元素和规则的运用,它们可以激发学习者的情绪反应,影响学习者行为(表 6-1)。游戏机制能使学习者进入沉浸状态,从而增加其参与度(Csikszentmihalyi,2008;Domínguez et al.,2013))。

尽管人们对游戏化的优势进行了大量的预测，但值得注意的是，对游戏化有效性的实证研究结果仍旧存在争议。在教育环境中引入游戏化元素的实证研究结果是好坏参半的。Nguez et al.（2013）在大学课程中使用游戏化插件，分析游戏化对学习者作业表现、成绩、学习动机、满意度的影响。该研究使用了多种游戏化机制，包括学习者分层、均衡策略、熟练度训练（重复测试），也运用了多个游戏化元素，包括适宜的视觉呈现、奖励、排行榜等，对课程内容进行优化。研究结果显示，参与游戏化课程的学习者虽在初始动力、最终分数上高于未参与游戏化课程的学习者，但其课程活动参与数量及写作测试中的表现却比其他学习者差（Domínguez et al.，2013）。而 Li et al.（2013）使用 AutoCAD 推出的游戏化系统作为教学软件，发现使用游戏化系统的用户主观参与度更高，完成测试的速度更快。

大多数游戏化框架均会使用积分和徽章来奖励学习者所获得的进步。关于积分、徽章等激励机制，支持在课堂上使用游戏化元素的研究者认为，使课程变得有趣的游戏化元素本身就是一种激励。因此，将游戏机制应用于课堂可以增加学习者的内在动力（Deci，et al.，2000）。而 Deci et al.（2001）的研究则表明，奖励机制可能会使学习者的内在动力降低。另一部分研究认为，外部奖励并不会削弱或增强学习者的动机和兴趣（Filsecker et al.，2014）。

Hanus et al.（2015）使用排行榜与徽章探究游戏元素对学习者动机、社会交互、参与度、满意度、知识水平和学业成绩的影响。研究结果显示，与参与非游戏化课程的学习者相比，参与游戏化课程学习者的动机、满足感都较低。而 Denny（2013）基于徽章的实证研究表明，徽章能够较好地提升学习者课程参与度及努力程度。学习者喜欢课程中添加的徽章元素，并对提供了徽章的平台表现出强烈的偏好。但徽章的影响力也会受限于徽章本身类别及课程类型（Hakulinen et al.，2013）。

积分是游戏化研究中常见的元素，Attali（2015）研究了积分对学习者数学测试准确性、速度的影响。结果依据年龄分为两类：对于成年人，游戏化对数学测试的准确性影响较小，但测试速度有所提高；对于青少年学习者而言，游戏化对数学测试的准确性与速度的变化均不明显，但青少年学习者通过积分机制对考试的抵触情绪有所下降。

De-Marcos et al.(2014)在本科课程中引入了社会交互机制与游戏化机制,并比较这两个元素对学习者学业成绩及参与度的影响。该研究将371名学习者分为游戏化组、社交网络组及对照组。结果表明,游戏化促进了学习者合作中的个人工作部分,而社交网络则促进了学习者的协作与参与度。

Caton et al.(2014)探究了游戏化框架对学习者的出勤率和参与度的影响。该实验通过实验组和对照组进行对比研究。游戏化框架使用奖励和惩罚来及时识别并激励相对闲散的学习者。惩罚系统使用黄色卡片、红色卡片作为对不参加团体项目活动的学习者的警告。结果表明,实验组学习者的出勤率及参与度表现较好,对这门课程也表现出更大的兴趣,更愿意完成难度较高的任务。惩罚制度在提高参与度和出勤率方面是有效的,在此方面实验组的学习者同样表现较好,在18名接受过惩罚的学习者中,有13名学习者没有任何进一步的违规行为。

表 6-1 游戏化元素应用研究

游戏元素	研究者(年份)	研究结果
任务、徽章、积分	Villagrasa et al.(2014)	游戏机制在课程中的表现好坏参半
积分、排行榜、讨论区、主题活动、等级、奖励	Kuo et al.(2016)	游戏化网站有较好的收藏率、回访率、分享率和停留时长
积分、徽章、排行榜	Hew et al.(2016)	实验组与对照组没有统计学意义上的差距,但实验组的学生倾向于选择更具挑战性的任务
奖励、竞争	Barrio et al.(2016)	游戏化的课程增加了学习者上课的动力,减少了课堂脱节,提高了学习者对课程材料的信心及其行为和认知能力
成就徽章、积分、虚拟商店、排行榜	De-Marcos et al.(2014)	游戏化能提升学习者有关实用性技能的学习,但无法改善概念学习
徽章、排行榜	Deci et al.(2000)	游戏化是一种强大的激励工具

续表

游戏元素	研究者（年份）	研究结果
奖励和惩罚	Caton et al.（2014）	惩罚制度在提高参与度和出勤率方面是有效的；实验组学生的表现较好。且实验组对这门课表现出了更大的兴趣，更愿意完成困难的任务
积分、徽章和排行榜	Dias（2017）	实验组表现出更高的平均分数、及格分数、参与度
奖励、排行榜	Dominguez et al.（2013）	实验组表现出更高的初始动力与最终分数，但其课程活动参与数量及写作测试表现较差
排行榜、徽章	Hanus et al.（2015）	实验组学习者的动机、满足感较低
徽章	Denny（2013）	实验组展现出更高的课程参与度及努力程度，并表现出对游戏元素的强烈偏好
积分	Attali et al.（2015）	实验分为成年人组与青少年组，成年人组的结果显示，游戏化对数学测试的准确性影响较小，但能提升测试速度。青少年组结果显示，游戏化对学习者测试准确性与速度的影响均不明显，但能降低考试焦虑

6.2.3　博物馆游戏化学习设计模型

游戏元素运用对游戏化设计而言是十分必要的，但直接将这些游戏元素堆砌起来还远远不够。游戏化项目的设计者首先应该深入了解用户的心理动机，解决用户的参与问题，如激发参与感、维持参与度、设计积极的参与体验等。通过适宜的游戏化元素来改善学习活动设计，提升学习者的参与度和成就感，进而促进学习者在认知、情感和社会性的全面发展，上述过程需要运用多种游戏化模型。以下介绍在游戏化活动设计中参考的理论模型。

Nicholson（2012）提出了一个以用户为中心的理论框架，其具体原则包括：①考虑用户利益；②专注于引入有趣的元素；③提供多种用户目标的实现渠道；④将游戏机制深度集成到非游戏内容中。Huang et al.（2018）等人为探究游戏化是否能够在不降低工作质量的同时激励学生参与更多课外活动这一问题，建构了目标、访问、反馈、挑战、协作（GAFCC）的游戏化设计模型。上述模型都为游戏化活动设计提供了必要的参考。除此之外，还有许多游戏化设计模型。

（1）ARCS 模型

ARCS 模型常被应用于游戏的动机设计中，同时被用来评价游戏在激发玩家动机方面的表现。ARCS 代表注意（attention）、相关（relevance）、自信（confidence）和满意（satisfaction）四个单词的首字母。

"注意"指学习者能够对教学设计中的刺激做出相应的响应行为；"相关"指学习者能够将已有的经验与教学目标联系起来；"自信"指学习者对学习任务表现的积极期望；"满意"则是指学习者能够自如地运用新学的知识或技能（刘汉龙，2017）。目前，很多研究者将 ARCS 模型引入学习研究领域，例如教学设计、学习环境设计和教学游戏设计等。

基于 ARCS 模型的游戏化设计可以从多个方面吸引和维持学习者的参与，包括：①通过使用新奇的和不确定的事件，激发学习者的探究行为，以此吸引和维持学习者的注意力。②建立新旧经验之间的关联，利用日常生活中熟悉的场景，同时告知既有经验在现实生活中应用的方式，将学习者的需求与游戏化教学目标相结合。③建立明确合理的目标，通过符合学习者能力的挑战情境来增强学习者的自信心及学习的主动性。④引导学习者在生活中应用知识及技能，并给予积极公正的反馈以提升学习者的满意度。

（2）MDA 框架

MDA 框架是由 Hunicke（2004）等人提出的一种研究游戏设计的方法。MDA 框架同时从玩家和游戏设计师两个角度对游戏进行分析，如图 6-2 所示。MDA 框架将玩家的游戏过程分为三个部分：规则（rules）、系统（system）和乐趣（fun）。同时将游戏设计师的设计过程分为三个部分：机制（mechanism）、动力（dynamics）和审美（aesthetic）。

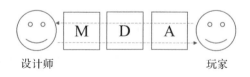

图 6-2　MDA 模型

我们可以将游戏设计中的美学理念划分为以下几个类别：感官、幻想、叙事、挑战、伙伴、探索、表达以及休闲。其中感官表示通过视觉、声效、震动等来刺激并赋予玩家体验感；幻想表示通过营造一个虚拟的世界，让玩家沉浸其中；叙事表示通过精心设计的故事线来使得玩家获得愉悦感；挑战表示通过设置障碍物来挑战玩家；伙伴表示设计需要玩家之间互动及合作的社交框架；探索表示帮助玩家发现未知的领域；表达表示通过游戏来表达创意；休闲表示帮助玩家愉悦地消磨时间。

其中挑战性的体验是指玩家必须在一定时间之内做出决策或者战胜一个难以对付的对手。伙伴性的体验是指队友之间可以共享信息，或者互相协作以完成一个人难以达成的任务。表达性的体验鼓励玩家留下个性印记及设计，或者建造或是改造一些元素乃至整个虚拟世界。叙事性的体验则经常会设置悬念与解释的构造，以引起玩家的紧张感，并在游戏中得以释放。

不同的游戏有着不同的美学元素组合方式，比如"模拟人生"系列是以探索为主，集幻想、表达、叙事为一体的游戏。"最终幻想"则是以幻想和叙事为主，集表达、探索、挑战和休闲为一体的游戏。一款游戏也可以拥有很多个美学目标，没有制作优秀游戏的统一的理论或公式。不同的游戏可以吸引不同的玩家，或者对同一个玩家的不同时期产生吸引力。

（3）动机驱动模型

玩家会因为不同的动机进入游戏，如何解释、归类这些动机是游戏设计者所面临的重要问题。动机理论下有着多个分支，每个分支对动机的产生及分类均有不同的解释（图 6-3）。

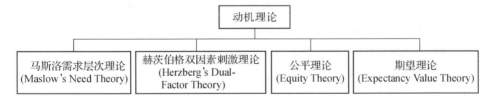

图 6-3　动机理论

马斯洛曾经提出"需求层次理论"，将人类的动机由低到高划分为生理需求、安全需求、爱与归属的需求、尊重的需求、自我实现的需求。在游戏中玩家可实现高层次需求,例如,游戏公会机制可满足爱与归属的需求,游戏挑战可满足自我实现的需求等(尚俊杰等,2015)。

美国行为科学家赫茨伯格曾提出双因素激励理论,该理论将影响工作动机的要素划分为激励因素及保健因素:激励因素包括工作本身、认可、成就和责任,保健因素则涵盖环境条件、人际关系等要素。游戏的保健因素为游戏良好的使用体验,而激励因素则为玩家对游戏本身内容的认可度。

公平理论是美国行为科学家 J. 斯泰西·亚当斯(Stacy Adams)提出的,该理论侧重于研究奖励分配的合理性、公平性及其对生产积极性的影响。一个人不仅关心自己的绝对收入的多少,而且关心自己相对收入的多少。在游戏设置中需要注重玩家奖励的公平性与公开性,如果游戏奖励失衡,可能会使玩家失去继续游戏的动力。

期望理论由北美著名心理学家及行为科学家维克托·H. 弗罗姆(Victor H. Vroom)提出,该理论认为激励力为期望值与效价的乘积。其中激励力指调动个人积极性的强度;期望值是个体根据经验判断达成目标的把握度;效价则是目标达成后对个体的价值。一个人对目标的把握越大,期望达到目标的概率越高,激发的动力就越强烈。该理论提醒游戏设计师,在设置游戏化任务时需要匹配玩家的能力水平。

(4)自我决定理论

自我决定理论是由 Deci et al. (2000)等人提出的,他们打破了以往行为心理学研究中人是被动响应外部刺激的观点,转而专注于人类本身的内在需求。该理论认为个体在本质上有着积极的、强烈的发展欲望。外部环境需要与之相适应,否则将会对个体的发展产生阻碍。可以将个体的需求划分为"能力需求""关系需求"以及"自主需求"。能力需求是指积极处理与外部环境的关系的能力,关系需求是指与家庭成员、朋友以及他人进行互动的普通愿望,而自主需求是指人们希望能够自主选择自己想做的事情。

自我决定理论强调积分用户的内在动机。用户动机可以划分为内在动机与外在动机,其中内在动机是指用户是受到内心渴望的驱动,内在动机又可以分为个人动机和集体动机两类,其中个人动机包括挑战、好奇、控制和幻想,集体动机则包括合作及竞争(尚俊杰等,2015)。外在动机则指向一些外部的奖励、惩罚、规则等。Zichermann(2011)是一名游戏化顾问,他提出了游戏化中四种主要的外在奖励类型,即地位(status)、权限(access)、权力(power)和实物(stuff),并称之为 SAPS 模式。研究表明,针对简单的问题,使用外部奖励能够较好地提升参与度。而对于非良构问题,使用外部激励反而会对内部动机产生挤出效应。因此,在给予外部反馈时,需要谨慎考虑任务的类型,并实时考察外部反馈的效果。

6.3　典型案例

6.3.1　故宫博物院青少年馆——"故宫大冒险"

(1)博物馆及游戏简介

故宫博物院青少年馆是故宫博物院针对青少年参观者而创建的古代文化艺术类虚拟博物馆,这里主要介绍其中的"故宫大冒险"游戏(见表 6-2、图 6-4)。

表 6-2　"故宫大冒险"游戏简介

博物馆名称	故宫博物院青少年馆
博物馆类型	古代文化艺术博物馆
博物馆网址	https://young.dpm.org.cn/
游戏名称	故宫大冒险
游戏对象	9～13 岁青少年
游戏内容简介	"故宫大冒险"是故宫博物院青少年馆开发的在线游戏,通过游戏中主人公的冒险旅程,串联各个场景中的小知识,揭开守护在故宫每个屋脊上的神兽的面纱
游戏网址	https://young.dpm.org.cn/damaoxian

图 6-4　故宫博物院青少年馆"故宫大冒险"游戏截图

（2）游戏设计

该游戏以一个架空的平行世界"神兽世界"为背景。讲述了主人公小玄和小雅在故宫参加社会拓展活动时因被饕餮吞噬而闯入"神兽世界"的故事。故事中小玄与小雅遇到了中国古代神话中的众多神兽,经历了重重考验。为了回到现实世界,小玄与九神兽需要凭借聪明才智营救被黑龙禁锢的小雅,重建"神兽世界"的秩序。游戏目前尚未开发完成,游戏情节仍停留在小玄与九神兽前去营救小雅的故事节点上。

该游戏的画面色彩鲜艳亮丽,采用动态漫画的形式,将动态交互与静态画面相互结合,在单个画面中呈现更多信息。游戏世界的细节设计十分有趣,例如,守护在故宫屋脊上的脊兽的食物是故宫香炉中的香烟,同时每个屋脊上的脊兽都有自己的小队编号,"故宫大冒险"中与主角一起冒险的九神兽就来自御林军团太和殿守备队檐兽别动队第二纵队第四小队。每天故宫中的神兽需要一起施法,以形成保护故宫的结界。这些微小的细节都使得"神兽世界"这一平行世界的设定更具有真实感。

游戏中刻画了许多性格鲜明的人物形象。例如,性格怯懦但在最后时刻带领八神兽与小玄营救小雅的骑鸡仙人,以及大大咧咧却最终开发出了人肉定位系统的小玄。不同的人物依照各自的性格,说话时所使用的语气、惯用词也不尽相同,且有真人语音帮助玩家更好地代入场景。游戏主要采用角色文字对话的形式推动情节发展,并在情节发展的过程中加入一些小游戏以带给玩家任务感、挑战感,增加游戏与玩家间的实时互动,减少玩家长时间观看文字对话而产生的倦怠感。例如,为了掩护小玄、小雅从平行空间穿越而来的身份,玩家需要协助小玄、小雅在储藏室中找到符合皇帝与格格身份的服饰。玩家可以通过这一环节了解清代宫廷服饰的特征及相关知识。总体来说,"故宫大冒险"中穿插的游戏类型较少,且所有游戏均为观察类的益智游戏,无动作类、探索类或者策略类游戏(见表 6-3)。

表 6-3　"故宫大冒险"游戏设计

序号	游戏名称	益智游戏	考察内容
1	逃出饕餮体内	玩家借助堆放在饕餮体内的桌椅道具,触碰饕餮的"痒痒肉",以逃出饕餮的身体	了解饕餮的样貌、贪婪嗜吃的特点; 善于观察、利用环境中的物品
2	还原日晷及嘉量	玩家需要在储藏室中依照皇宫护卫对日晷、嘉量的描述,找到两个器物缺失的部件,并进行还原	了解日晷、嘉量的作用及构成; 善于观察、分辨环境中的物品
3	掩藏身份	玩家需根据自己对清朝宫廷服饰的了解,在储藏室中找到与皇帝、格格服饰特征相符的衣服	了解清朝宫廷服饰的特征; 依照不同的角色信息,选择适合的服饰
4	找出脊兽	在了解故宫屋脊上脊兽的名称及排列顺序后,找到特定名称的脊兽(图 6-5)	了解故宫屋脊上脊兽的名称、排列顺序; 灵活应用知识找到对应名称的脊兽
5	中和殿纠错	观察中和殿的图片,找出中和殿在布局、物品摆法上的错误	观察、对比中和殿的真实情况和图片的区别; 了解中和殿的布局及摆放的物品

在游戏中,每当玩家通过一个关卡,就会自动进入下一个场景,继续当前的故事。由于游戏中没有时间及试错限制,玩家可以不断试错直至成功。当玩家找到正确答案时,界面会出现小红圈作为标记。游戏完成后,NPC会告诉玩家游戏已顺利完成。

"故宫大冒险"小游戏能较好地帮助玩家巩固已学习的内容,但游戏设计也存在一定的缺点。例如:①界面中无章节目录,玩家如需查看过往内

图 6-5　故宫屋脊上的脊兽排序游戏

容,需要逐级回退;并且游戏只有在一段视频播放完毕后才会出现回退按钮。②游戏中缺少信息反馈,当玩家选择错误时,仅有一个错误的提示音,无错误反馈与问题提示。玩家通过游戏后,无游戏数据统计,仅有一个游戏成功的对话框。③游戏中无规则限制,例如,脊兽排序游戏中玩家可以将脊兽移到屋脊上的每一个位置进行试错,进而通过排除法找到特定位置的脊兽,而上述操作背离了游戏帮助玩家巩固脊兽知识的初衷。

（3）教学设计

　　游戏面向 9～13 岁的青少年,游戏对象正处于中小学阶段。游戏提供有关中国古代神兽、故宫器物、明清两朝历史文化等方面的知识,可以帮助青少年了解故宫的知识与历史文化。

　　游戏中有许多细节设计较好地贴合了玩家的年龄层次,例如:①故事引入背景为在故宫开展的学校社会实践活动,贴近青少年日常的学习生活;②游戏中小玄、小雅人物设定为小学三年级的学生,与玩家年龄相仿,更易让玩家产生共鸣;③游戏中角色的对话表达符合中小学生的表述习惯;④游戏与课本相结合,例如当小玄与骑鸡仙人用古诗词核查暗号时,所用的古诗词均来源于中小学语文课本。游戏中错误配对的诗词使得场景更加有趣,人物形象跃然纸上。

游戏中设计了一些需要记忆及观察的任务，使玩家在"玩中学"。例如，玩家在选择特定名称的脊兽时，就需要回忆介绍中有关脊兽特征及排列顺序的相关知识，以做出正确的选择。逃离饕餮身体时，玩家需要灵活运用身边的道具，以触碰到位于饕餮高处的"痒痒肉"。

6.3.2　故宫博物院——"皇帝的一天"

（1）博物馆及游戏简介

故宫博物院是中国最大的古代文化艺术博物馆，位于北京故宫紫禁城内。"皇帝的一天"是故宫博物院开发的一款青少年手机游戏（见表 6-4）。

表 6-4　"皇帝的一天"游戏简介

博物馆名称	故宫博物院
博物馆类型	古代文化艺术博物馆
博物馆网址	www.dpm.org.cn
游戏名称	皇帝的一天
游戏对象	9～11 岁青少年
游戏内容简介	"皇帝的一天"是一款为青少年设计的角色扮演类游戏。故事以时间轴为线索，带领玩家深入清代宫廷，了解皇帝一天的衣食起居、学习办公和休闲娱乐
游戏网址	https://young.dpm.org.cn/damaoxian#gamezone

"皇帝的一天"采用了有趣的交互式地图，玩家可以自由探寻皇帝在紫禁城之中一天的生活轨迹，也可查看乾清宫、养心殿、御花园、畅音阁等紫禁城的重要建筑（图 6-6）。

（2）游戏设计

游戏的故事背景为小皇帝为了出宫游玩，让门口的小狮子找来了一位与自己长相十分酷似的平民进宫顶替，并教导他如何做一名优秀的皇帝。随着故事的发展，皇帝的一天就逐步呈现在玩家眼前。

"皇帝的一天"游戏中设置了 200 多个大大小小的交互点，用以触发情

图 6-6 "皇帝的一天"地图界面

节,还原皇帝一天的生活轨迹与场景,还结合了拼图、收集、排序、手绘等流行的游戏设计。游戏场景包含银牌试毒(图 6-7)、粉墨登场、百步穿杨(图 6-8)等(张文娟,2015)。同时通过时间线将各个关卡串联起来,层层深入,帮助玩家循序渐进地学习故宫的相关知识。

图 6-7 银牌试毒

图 6-8 百步穿杨

该游戏操作简单,形式丰富,趣味十足。游戏中各项任务对玩家均具有适度的挑战性,能够引发玩家的挑战欲及成就感。游戏提供的信息反馈系统能够即时提供帮助信息,便于玩家解决问题,同时避免因问题无法解答而产生失望和厌倦心理。游戏会通过闪动图标的形式提示学习者下一步的操作。此外,游戏会给予完成任务的玩家特定的荣誉奖励,例如文物信息、知识卡片、成就称号等,并可供玩家随时查看。

该游戏在主体内容之外,还有很多有趣的细节设计。例如,点击屏幕上飞过的小鸟,可以看到故宫的典故及小知识;点击屏幕上隐藏的小爪印,可以进入"支线剧情";点击右上角的皇帝手册,可以实时回顾自己的收获等。

（3）教学设计

"皇帝的一天"通过活泼的小皇帝形象、高清的故宫图片、生动的场景再现以及轻快的音乐节奏,使玩家沉浸于故事之中,潜移默化地将古代宫廷生活、历史物品、皇家文化等知识传递给玩家,以培养其对我国传统文化的认同。

游戏的教学设计符合游戏对象的认知能力,例如:①游戏主体对象是 9～11 岁青少年,正处于小学中高年级水平,对历史知识开始产生兴趣并能够理解相关知识;②游戏中说明性的语言和文字相对简单,规则性的语言词汇量小,避免了理解障碍;③游戏采用电子书的形式,章节内容较短,不会对玩家造成过大的认知负担;④游戏知识拆解化,将相关的历史知识、文物信息、地点信息划分为若干问题,并与"皇帝的一天"有机结合。

游戏在不同的环节中考察玩家不同的能力,例如在拼图游戏中,碎片式、排序式、补充式三种方式的拼图旨在锻炼玩家的动手能力和眼手协调能力;在为皇帝选择合适的服装时,玩家需要思考不同环境中服装的特点;而在"百步穿杨"中则需要考虑骑行速度并提前进行射击,以此锻炼玩家的思维能力和判断能力。

6.3.3　首都博物馆——"一起来做青花瓷"

（1）博物馆及游戏简介

首都博物馆是北京地区的大型综合性博物馆,位于复兴门外大街 16号。这里介绍其中的"一起来做青花瓷"游戏(见表 6-5、图 6-9)。

表 6-5 "一起来做青花瓷"游戏简介

博物馆名称	首都博物馆
博物馆类型	综合性博物馆
博物馆网址	http://www.capitalmuseum.org.cn/index.htm
游戏名称	一起来做青花瓷
游戏对象	青少年
游戏内容简介	"一起来做青花瓷"是首都博物馆推出的帮助玩家了解瓷器制作过程的小游戏。在爷爷带领下参观瓷器博物馆的小虎与妞妞对瓷器博物馆展出的青花瓷展现出极大的兴趣,爷爷带领小虎与妞妞前往瓷器制作工坊体验青花瓷的制作流程(图 6-9)
游戏网址	http://www.capitalmuseum.org.cn/child/content/2012-03/05/content_39220.htm

图 6-9 "一起来做青花瓷"游戏页面截图

（2）游戏设计

该游戏以爷爷带领小虎和妞妞体验青花瓷制作的各个流程为线索,在瓷器制作的各个流程中结合不同类型的游戏,提升玩家的学习兴趣,并将知识和实践联系起来。例如在制作不子(景德镇陶瓷制作的一种基本原料,瓷石制成的白色块状物）的任务中，玩家需要依照任务提示将不子放入粗缸中加水搅拌；而后将其捞出，透过马尾细萝和双层绢袋精淘成泥；最后拍打、踩炼、搓揉淘好的泥料。玩家共需制作 3 个不子，通过反复操作，玩家能够对制作不子的流程有初步的了解。游戏共分为采石治泥、淘练泥土、圆器拉胚、图案青花、蘸釉吹釉、施胚定足、成胚入窑七个步骤。玩家需要依次完成以上关卡，最终获得一个完整的青花瓷瓷器（表 6-6）。

表 6-6　"一起来做青花瓷"游戏各任务细节

任务名称	任务类型	任务内容
采石治泥	益智类	使用鼠标采集瓷石，根据提示切换要采集的瓷石目标（分为大小两类）
淘练泥土	益智类	根据不同的瓷石大小，调节水流使瓷石粉碎，制成不子
圆器拉胚	动作类	根据器物形状，依照方向提示将胚制成指定形状
图案青花	益智类	将青花图案依照要求拖放到器胚上
蘸釉吹釉	益智类	依照步骤完成蘸釉吹釉
施胚定足	益智类	在器胚底部挖一个小洞，在其上镶嵌款识
成胚入窑	动作类	按照不同的瓷器大小，将其放在不同火力的窑中烧制

　　每一个任务开始前均有人物引导及任务描述（见图 6-10），任务描述会将任务完成所需步骤逐一列出。玩家依照任务描述依次完成各个步骤，即可过关。任务主要有益智类与动作类两种类型，难度适中。游戏过程中有玩家操作的实时反馈，例如，在第一关开采矿石时，玩家需要帮助小虎开采 5 块大矿石、帮助姐姐开采 5 块小矿石。如选择了错误的开采对象，下方的 NPC 会告知"这些小的瓷石留给姐姐吧"或是"我们已经不需要大的瓷石了"，用以提醒玩家纠正错误。在界面的右下角会有各个任务目标完成数量与当前完成数量的实时提醒，以帮助玩家了解任务完成情况。当玩家忘记任务步骤或是任务目标时，可在页面的右下角反复查看任务信息。当完成任务后，玩家会获得自己"亲手制作"的虚拟"精美瓷器"（见图 6-11）。

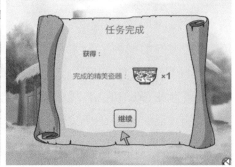

图 6-10　"任务描述"页面　　　　　图 6-11　"任务完成"页面

（3）教学设计

"一起来做青花瓷"通过一个个巧妙设计的关卡讲解了制作青花瓷瓷器所需要的工具及步骤，使玩家了解瓷器的制作工艺，培养其对中国传统制作工艺的兴趣。游戏设置贴合青少年的学习能力，例如：①NPC 小虎、姐姐的年龄与玩家相仿，可以增强角色的代入感；②NPC 对话方式符合青少年阶段的语言表达习惯；③游戏给生僻的字词标注了拼音，便于青少年阅读；④游戏过程中，爷爷、小虎、姐姐之间会以对话的形式为玩家提供更多的信息，例如为什么要将瓷石制成不子的形制，为何青花瓷的颜料是黑色的，釉料是如何制作的等问题。

不同的任务考察玩家不同的能力，例如，在圆器拉胚任务中，玩家需要依照上方下滑的箭头方向点击页面中对应该方向的箭头，将泥胚制作成瓷器的初步形状。任务需要玩家具有较快的反应速度，当失误或错过的箭头超过 4 个，该阶段任务将重新开始。而在淘练泥土环节则主要考察玩家对任务步骤的熟悉程度。在图案青花环节，借助拼图考察玩家的观察能力与整合能力。游戏最后会将标注拼音的瓷器烧制流程列出，并深入介绍青花瓷中不同的器型样式、青花瓷制作过程中的半成品以及相应工具的实物图。玩家在完成所有关卡再次返回地图时，可选择任意的关卡进行巩固学习。

6.3.4　四川数字科技馆——"自贡盐的提炼"

（1）博物馆及游戏简介

四川数字科技馆的"自贡盐的提炼"游戏（见表 6-7）主要针对 7～14 岁青少年。通过该游戏，人们可以对盐的提炼过程有一个比较清晰的理解。

表 6-7　"自贡盐的提炼"游戏简介

博物馆名称	四川数字科技馆
博物馆类型	科技馆
博物馆网址	http://kjg.cdstm.cn/index.php? wsid=21
游戏名称	自贡盐的提炼
游戏对象	全年龄段，主要针对 7～14 岁青少年
游戏内容简介	"自贡盐的提炼"是四川数字科技馆推出的一系列有关盐提取、制造的小游戏。在游戏开始前，玩家可在"盐与人""盐与自贡""自贡井盐文化"等模块中了解制盐的相关知识
游戏网址	http://kjg.cdstm.cn/index.php? m=WebPage&a=index&pageid=46&wsid=21

（2）游戏设计

玩家在游戏中扮演一个自贡井盐的生产者，通过打井、补井、汲卤、卤气就煎、制盐、运盐等流程完成自贡井盐的生产活动。每一个生产环节均对应一个小游戏，以帮助玩家进一步了解自贡井盐的生产方式及相关器械。

每一个生产环节都由一段简短的 Flash 动画介绍引入，以帮助玩家初步了解这一生产环节的主要内容与目标（图 6-12、表 6-8）。点击游戏开始后，会对游戏任务及步骤进行说明，而后进入游戏。例如，在纠正斜井游戏中，玩家需要依照游戏说明，先将样桶放入井道测定深度；当无法继续向下深入时，使用碎硬石块、竹、木签子填充下面部分井道；再用马蹄锉扎上扶正器，慢慢凿下；而后用样筒再次测量井道深度。完成井道修正后，页面中会弹出表示顺利完成的弹窗以及重玩按钮。游戏中没有时间和失误次数的限制，玩家可以在游戏中反复试错。游戏区域下方为玩家提供了游戏帮助，包含本环节各步骤的操作指导，以及游戏中所使用器具的介绍。

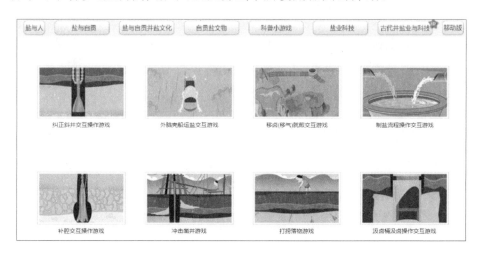

图 6-12 "自贡盐的提炼"游戏界面

表 6-8 "自贡盐的提炼"游戏各环节

游戏名称	游戏类别	游戏内容
纠正斜井	动作类	钻井过程中，每天都要进行例行检查井道是否垂直，如果发现井道歪斜，需及时进行纠正。检查时将样筒慢慢放下至测定深度，在弯斜位置填碎硬石块、竹、木签子，再用马蹄锉扎上扶正器，慢慢凿下，便能将弯斜部分修正。重新凿好的井眼，需再用样筒测量，以保证井身垂直（图 6-13）
外（歪）脑壳船运盐	动作类	古代盐运主要采用船运。由于河道崎岖狭窄，水流较急，为防止碰撞，盐运船只为统一制式：歪脑壳船（歪屁股船、歪尾船），船头向左，船尾向右，并规定不论上行下行一律走左手，以保证河道的畅通
移卤（移气）就煎	益智类	为了提高产盐效率，古人发明了移气就煎、移卤就煎，产生竹笕输卤输气技术。在古代，主要使用人力或者牛马力进行提卤，自贡使用最多的是牛力提卤站（推卤），以牛的力量推动水车，把卤水的水位提高。使用多个牛力提卤站逐级把卤水提升到足够的高度。为了远距离运送卤水、卤气，还需要使用笕窝，利用多个笕管连接到笕窝，解决笕管拐弯的问题

续表

游戏名称	游戏类别	游戏内容
制盐	动作类	把卤水制作成盐要经过以下步骤:先是枝条架浓卤,枝条架不仅有浓卤作用,还可以净化卤水,使得黑卤中的硫化氢散发出去,除去卤水中部分石膏和使低价铁氧化为高价铁,生成高价铁盐,便于从卤水中析出去除。再经过砂石过滤,滤除泥浆,净化卤水、配兑卤水后放入榷桶存储,然后经过温锅浓卤、兑卤、加新水多个步骤,将卤水倒入圆锅中烧热,煮沸出现盐花和悬浮物时,把准备好的黄豆浆按一定比例下锅,吸除硫酸钙等杂质,最后熬干成盐。等盐煎成后,放入木甑,将花水均匀地淋透,相当于再次清洗杂质,使盐更加洁白,口感更好
补腔	动作类	在钻井过程中时常发生井下塌方等事故,这时就要使用补腔工具进行修补。先用桶竹做成的发口壳子,放入井内探测垮塌岩层的位置,发口壳子进入腔内后弹开,无法向下移动,即测出腔下部位置。再改用上欠放入井内,即测出腔上部位置。考察清楚腔的位置后,放下一根捆在梃子上的竹子,其上用绳扎上多个草把,放到腔下约 1 米处,再由上面拉动绳子,草把便捆在一起,塞住腔的下部,梃子和竹子提上来,于是绳子和草把形成悬空塞。之后使用丢灰筒将桐油石灰填入腔内,再用木棒将油灰挤入腔内,并使油灰与井壁紧密结合。油灰凝固后,用马蹄锉把腔凿穿,井即补好
冲击凿井	动作类	盐井是以顿钻法开凿而成的。装置由碓架、天车和大地车组成,钻头一般为银锭锉。使用时由 3 至 4 人一组站在碓架上,踩下碓板,提起井下的锉,然后一齐跳开,使锉头在重力的作用下冲击井底的泥土和岩石。完成几次冲击后,再推动大地车,将扇泥筒下到井底,把钻凿出的泥土和碎石提取出来,如此不断重复,直到打出卤水为止
打捞落物	动作、益智类	在钻井过程中,经常会有钻具落入井内,落篾、落锉、卡锉等事故发生,能否选用适当的工具和方法把落物从井中打捞出来,便成为钻井成败的关键。分别使用偏肩取锉,使用提须打捞落篾,使用三股须或五股须打捞落筒,这样就解决了各种落物的打捞问题(图 6-14)
汲卤桶汲卤	动作类	汲卤桶是提卤使用的工具,使用竹子制作而成,掏空竹节,底部有个牛皮制成的活塞。使用时,在盐井放下汲卤桶,汲卤桶碰到卤水,活塞受压后打开,等装满卤水后上提;卤水的重力会使活塞自行关闭

　　游戏在细节处尚存在一些问题有待完善:①游戏页面中存在错别字,可能会引起玩家的误解,例如运盐交互游戏中,游戏名称为"外脑壳船运盐交互游戏"。但实际在盐运中会使用的船是统一制式的歪脑壳船(歪屁股船、歪尾船),因其船头向左,船尾向右,所以有一个歪字。"外"为"歪"之误。

②游戏中缺乏专业的名词解释,例如移卤就煎、补腔、汲卤桶等名词。③生产环节要点与游戏内容不能完全契合,例如盐运在上行下行过程中一律靠左行走,这样可以保证河道的畅通。这一要点应当在游戏中得到体现,可以将游戏设置为当玩家将船只开往游戏右边区域时会出现扣分的形式。

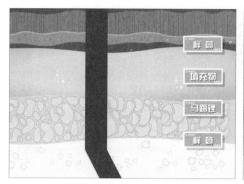

图 6-13 "纠正斜井"游戏界面

图 6-14 "打捞落物"游戏界面

(3)教学设计

游戏借助于各个生产环节的游戏设计,传播自贡井盐文化与生产的流程知识,旨在使青少年学习自贡井盐文化及生产工艺。游戏类型较为丰富,有益智类、动作类、策略类的游戏。在移卤(移气)就煎的互动游戏中,玩家需要根据自流井、贡井以及制盐工厂的选址,利用有限的资金建造输送卤水、卤气的笕管以及提卤站、笕窝。如果笕管搭建时遇到山坡,需要使用提卤站;需要转弯则使用笕窝。游戏需自行设计路线以进行传输,最终以卤水、卤气能否到达制盐工厂作为判断是否成功的标准。

在歪脑壳船运盐游戏中,玩家需要合理分配资金,在选择较短路线的同时节约经费开支。游戏下方有各个建筑的价格及资金。游戏共分为 3 关,每关难度层层递进。玩家需使用左右方向键控制歪脑壳船的方向,躲避河道中的障碍物,并捡取铜币(50 分)、银币(100 分)和金币(500 分),选择合理的路线以获取更多的分数。游戏中玩家共有四次触碰障碍物的机会,如将四次机会均使用完毕还未通关则游戏失败。每关起始时会重新给予玩家四次触碰障碍物的机会。当全部完成后,游戏页面中会弹出游戏成功的弹窗以及重玩的按钮。

除此之外,大多数游戏均为重复步骤的操作游戏,帮助玩家熟悉生产过程,例如在制盐的游戏中,玩家需一次性完成枝条架浓卤、净化卤水、配兑卤水、榿桶存储、温锅浓卤、兑卤、加新水、下豆浆、熬干成盐、淋花水等一系列操作以获得井盐。

6.3.5 大英博物馆——"希腊历史"

(1)博物馆及游戏简介

大英博物馆是世界上历史最悠久、规模最宏伟的综合性博物馆,也是世界四大博物馆之一。其官方网站上推出了许多线上探索游戏,以帮助学习者更好地了解相关的主题内容。"希腊历史"是其中一个历史类的游戏(见表 6-9)。

表 6-9 "希腊历史"游戏简介

博物馆名称	大英博物馆
博物馆类型	综合性博物馆
博物馆网址	https://www.britishmuseum.org/
游戏名称	希腊历史
游戏对象	针对 9~11 岁的学龄青少年及其老师
游戏内容简介	"希腊历史"是一个历史类游戏,该网站分为十章,涉及与古希腊相关的主题或内容。
游戏网址	http://www.ancientgreece.co.uk/

(2)游戏设计

"希腊历史"分为十章,涉及与古希腊相关的各个主题(见图 6-15)。十章分别显示在菜单页面上,用户可以通过单击章名或图标选择该章。进入每章后均有主页对本章内容进行概览性介绍。主页右侧有本章故事、探索以及挑战的链接。

挑战中包含与各章内容相关的游戏,游戏类别多样,内容紧扣各章主题。各章的游戏名称、类别及内容详见表 6-10。玩家在开始游戏前可通过

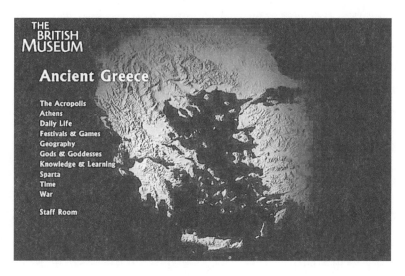

图 6-15 "希腊历史"游戏首页

故事、探索两块内容先行了解相关知识。游戏页面包含对游戏内容、操作的概览性介绍以及游戏的操作界面。

表 6-10 "希腊历史"各主题游戏

游戏名称	游戏类别	游戏内容
建造帕特农神庙	创意类	玩家可以依照自己对希腊文化的理解在游戏中设计自己的神庙并命名。游戏通过一系列决策,使玩家了解构成希腊神庙的组件。例如,玩家可以选择使用多立克柱式或爱奥尼柱式作为神庙的支撑柱。游戏结束后,还可以继续探索古希腊时期的各类神庙(图 6-16)
找到男性公民	动作类	玩家作为奴隶,需要利用沾满红漆的绳引导集市中的男性公民前往参加集会。玩家需要控制奴隶的前进方向,区分集会中哪些是希腊男性公民,若玩家选择了女性、儿童、奴隶,界面会跳出相应的提醒。游戏以玩家在限定时间内找到的男性公民数量作为游戏分数。最后,游戏会对玩家未找到的男性公民角色及找错的角色进行解析
一个普通的清晨	益智类	在游戏中玩家需要将角色和物品放入房子里的合适房间。每一个角色与物品均有详细的介绍。当玩家出现错误时,系统会给予反馈,并让玩家重新选择。游戏没有时间与错误次数限制,旨在让玩家了解古希腊时期的房屋结构以及日常生活中的社会规则(图 6-17)

游戏名称	游戏类别	游戏内容
匹配神与节日	益智类	玩家根据游戏中提供的各种节日信息,将节日与神匹配。游戏可进行多轮匹配,当玩家完成一轮匹配后,系统会告知玩家,哪些节日已成功匹配,并将其标红。没有匹配成功的节日会退回至原始位置。玩家可以反复匹配直至全部匹配成功。玩家可以通过该游戏了解希腊文化中的各个神祇及其主要职责
打捞沉船	动作类	玩家作为一名潜水员,要探索一艘位于海底的古希腊时期沉船,找寻遗留在沉船中的物品,并收藏于图册中,最终利用这些物品判断船只前行的路线以及船上所装载的货物类型。玩家可通过探索这些物品,了解当时的制造工艺,了解外出远航进行贸易的船只的行船路线
找到正确的神	益智类	玩家通过古希腊时期器物(花瓶、碗)上的神的图案,找到能够代表神特征的物品,例如海神波赛冬的三叉戟,并将神的名字与其图案对应
雅典的瘟疫	益智类	要求玩家将人们对疾病的看法与瘟疫的治疗方法相匹配(根据历史史实改编)。游戏中对专业的词汇都进行了标注,便于玩家理解瘟疫的症状以及人们对治疗方式的看法
斯巴达的教育	动作类	玩家为了成为一名优秀的斯巴达军人,需要通过一系列军营训练任务,包括识字、争夺食物资源、舞蹈、搬运货物、战争技巧等任务。每一个任务结束,均会有游戏完成度反馈。游戏最终会给出综合的评价,判断玩家能否成为一名合格的军人。玩家能够通过这一游戏进一步了解斯巴达的教育体系
希腊农忙	益智类	游戏设定在古希腊时期的农场,玩家需要完成一年中的农业活动,并参加庆祝丰收的节日。每个季节的活动均不同,玩家需要依照信息指引完成任务。通过此游戏能加深玩家对古希腊农业劳作、历法的了解
希腊海战	动作类	玩家在游戏中使用鼠标操控战舰的方向,攻击敌方战舰时,需要辨别敌方战舰与己方战舰,错误攻击会导致积分下降。在攻击敌方战舰时,也要注意速度,不可过快地冲撞,需要有策略地使用不同的速度

　　由于每个游戏与对应的主题相关,故游戏之间的联系没有那么密切。每个游戏均会有反馈系统,帮助玩家纠正自己的认知错误,例如,在"找到正确的神"这一游戏中,玩家在最后提交答案后,系统会给予反馈,指出每个神的特征图案,以及每个图案对应的神的名称,以帮助玩家通过各个神的特征

逐步了解神的名称、职责。通过图像化记忆使得玩家未来也能分析出不同文物上的图案以形成对文物的认识。

图 6-16 "建造帕特农神庙"游戏界面　　图 6-17 "一个普通的清晨"游戏界面

（3）教学设计

每章中有三个部分："故事""探索"和"挑战"。"故事"是以叙述形式呈现的主题信息；"探索"采用非线性的信息呈现方式，玩家可以自主控制他们访问信息的顺序；"挑战"以游戏的形式呈现，允许玩家在与古希腊相关的主题或主题背景下练习相关技能，例如历史、分析、数学、观察等，具体如表 6-11 所示。

表 6-11 "希腊历史"游戏各主题内容

主题概览	故事	探索	挑战
雅典卫城："雅典卫城"概念界定，古希腊城市中雅典卫城的功能及关键特征	帕特农神庙檐壁上描绘的事件及其创建的历史背景信息	基于雅典卫城的互动模型，提供有关雅典卫城每个建筑物功能、艺术性、建筑形式的介绍	设计自己的神庙，了解希腊神庙建筑的基本要素。
雅典：雅典在文化和政治上的意义	古代雅典一天的生活，雅典社会中每个群体的权利和义务	使用雅典社会的互动插图，了解重要的商业，政治和宗教场所	在拥挤的集市中找到男性公民
日常生活：古希腊日常生活的主要特征，斯巴达的日常生活与其他地区的差异	叙述在古希腊的四个人生活，两人是斯巴达人，另外两人是雅典人，各有一男一女	使用古代希腊时期的花盆图案，了解有关日常生活活动的信息，如教育、奴役、死亡。	了解古希腊的房屋结构，将人物和物品放入房子里合适的房间

主题概览	故事	探索	挑战
节日与游戏：节日在古希腊人生活中的重要性，以及构成节日的主要元素	使用奥林匹亚模型来展示各个比赛的发生地点	基于剧院的互动模型，了解剧院的建筑结构及戏剧表演中演员的角色、服装、面具	匹配节日与神祇
地理：希腊的物理环境特征	借助《奥德赛》作品中的插图了解作品中描述的旅程	借助交互式地图，传递古希腊地理中宗教场所、自然资源、殖民地、古代重要城市和政治边界以及与现代政治地图的区别等信息	探索古希腊的沉船，并使用所获得的信息推断船只的行进路线
神祇：希腊诸神的属性及其对古希腊人日常文化的影响	根据希腊 kylix（古希腊的一种浅酒杯）或葡萄酒杯的装饰，讲述雅典娜女神的故事	奥林匹克十二位神的档案，包含众神的故事、特征、相关符号、地点、节日	在花瓶和碗上寻找特征符号，以识别所描绘的神
知识与学习：古希腊古代思想家对现代社会的影响	洞穴神话寓言与柏拉图	有关古希腊伟大的思想家和艺术家的艺术、文学政治、哲学信息	将人们对疾病的看法与瘟疫的治疗方法相匹配
斯巴达：斯巴达社会主要特征，包括政治结构	斯巴达为何会在公元前 5 世纪至公元前 4 世纪发展成为军事城市	借助斯巴达时期学生的桌面布置，向孩子们展示斯巴达的一系列物品	体验斯巴达的教育系统，通过任务赢取积分，从而获得公民权利
时间：公元前 6500 年至古典时期的希腊历史与历法	赫西俄德的诗作《工作和时日》的摘录	以交互式时间线为线索，描绘了古希腊的历史、重要的战斗以及伟大的科学和艺术成就	在一年中正确的季节里进行农耕活动
战争：波斯战争的概述及其对古希腊人的影响	修昔底德所著《伯罗奔尼撒战争史》的摘录	基于普拉蒂亚战场的互动模型，探索参与战斗的两国军队实力，并了解双方士兵使用的武器和盔甲	希腊海战游戏

大英博物馆为中小学生与教师提供在线教育资源,通过藏品展示有关古希腊的信息,以培养学生的视觉分析、文本分析、建立假设、对信息进行排序和分类、使用关键词等能力。所有资源均以电子文本的形式提供于网站中的教师工作室,教师可在大英博物馆中按章节、主题、技巧等进行分类以获取特定资源。除基础文本外还提供了讨论问题、学习单、后续活动设计等文件。讨论为教师提供了一系列提问模板,包括教师可能需要的问题及背景信息;学习单提供了信息的收集模板,学生可从站点中收集数据;后续活动设计包括一系列深入拓展活动,帮助学生在已有基础上继续学习。

6.3.6 苏格兰国家博物馆——"埃及的金字塔"

(1)博物馆及游戏简介

苏格兰国家博物馆是一个历史博物馆,它推出的"埃及的金字塔"游戏,针对7~12岁的青少年,引导玩家探索古埃及历史和文化(表6-12)。

表 6-12 "埃及的金字塔"游戏简介

博物馆名称	苏格兰国家博物馆
博物馆类型	历史博物馆
博物馆网址	https://www.nms.ac.uk/
游戏名称	埃及的金字塔
游戏对象	7~12岁青少年
游戏内容简介	古埃及是四大文明古国之一,距今已有近4000年的历史。"埃及的金字塔"为探索古埃及历史、文化的游戏,游戏共分为6个小节,每个小节包含一个与之相关的独立游戏
游戏网址	https://www.nms.ac.uk/threepyramids

(2)游戏设计

埃及金字塔为世界文明遗产,充满历史神秘感,苏格兰国家博物馆开发的"埃及的金字塔"游戏将埃及的建筑、贸易、文字、劳作、服饰等文化相互融合,共有6个不同类型的游戏组成了这一主题,包含"三个金字塔""埃及探险之旅""埃及人的土地""埃及人的服饰""埃及象形文字"以及"商店"。每一个游戏的界面、规则、反馈形式均不同,详情参见表 6-13。例如,在"埃及探险之旅"的游戏中,若玩家没有在地图中找到埃及的正确位置,页面会弹出"Not Here"的提示,当用户点击到其他国家时,会出现该国家的标志性建筑及名称。当用户找到地图中埃及的正确位置时,地图会自动标注埃及的几个重要的地点,并弹出"Well Done"的反馈。

游戏细节设计精巧,例如在"三个金字塔"游戏中,游戏背景中的月亮会随着时间的变化而改变位置,当时间耗尽时太阳就升起了。玩家收集物品时,界面会自动跳出对物品的解释,5 秒钟后出现表示继续的按钮,以此督促玩家阅读相关介绍文字。当物品解释页面出现时,页面计时自动停止。界面下方有分数及物品收集栏等信息,为玩家提供实时的信息反馈。

表 6-13　"埃及的金字塔"游戏内容简介

游戏名称	游戏类型	游戏内容	时间(分钟)
三个金字塔	动作类	玩家扮演埃及法老阿莫斯一世,需要在天亮前为已故去的法老准备其转生之旅的物品和材料。玩家利用方向键控制玩家的行动轨迹收集完转生所用道具,过程中需避开金字塔中的毒蛇与蝎子。在收集完成后采集钥匙,打开棺椁后即可通过游戏。游戏会统计这一关卡所用时间、收集到的物品数量、剩余生命数量,并给出分数。游戏分为 3 个难度层级,每个难度层级的金字塔形状不同,分别为阶梯形金字塔、曲线金字塔、正金字塔。玩家通过这一游戏可以深入了解埃及制作木乃伊时所使用的物品及埃及金字塔的类型(图 6-18)	10 分钟
埃及探险之旅	益智类	玩家扮演前往埃及科考队伍中的一员,需要确定埃及的地理位置、胡夫金字塔所在的位置。进入金字塔后,依照埃及文字与英文字母的配对表,破译石碑上的文字,探索墓室中的物品,并回答相关问题(图 6-19)	10 分钟

续表

游戏名称	游戏类型	游戏内容	时间(分钟)
埃及人的土地	益智类	玩家通过互动式地图,将庙宇、农场、金字塔放置在合适的位置上。每个建筑放置前均需考虑其需求,及其与放置地点地理环境的匹配度。例如农场应该放置在有充足水源的地方,所以其位置应该在靠近水源的绿洲上。当玩家选择了正确的地点时,系统会给予提示,并将该建筑的标签放置在地图上;当玩家选择了错误地点,系统会告知错误,并提示玩家错误的原因	10分钟
埃及人的服饰	益智类	玩家可通过壁画了解埃及服饰文化,并将散落的服饰配件分配给埃及女王及工匠两种角色。服饰配件也有穿着的先后顺序,例如,埃及女王头上的饰品只有在正确佩戴假发后才能放置	5分钟
埃及象形文字	益智类	玩家根据埃及象形文字与英文字母的配对表,翻译金字塔石碑上的文字。并根据提示找到指代死亡者、死亡者的妻子、工具、女子这几个名词的象形文字	10分钟
商店	动作类	玩家需在限定时间内找到5位工匠所需要的材料(木块、亚麻、彩陶、砖块)。当玩家错误传递材料,或没能在限定时间内完成材料传递,游戏均会失败。游戏结束时,系统会显示玩家制成了几件物品及物品的功能	10分钟

 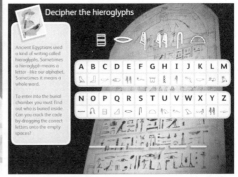

图 6-18 "三个金字塔"游戏界面 　　　图 6-19 "埃及探险之旅"游戏界面

(3)教学设计

　　游戏将埃及文化拆解为文字、建筑、服饰等部分,玩家可通过游戏了解相关的文化知识。游戏种类各不相同,在"三个金字塔"游戏中玩家扮演埃及法老阿莫斯一世,需要在天亮之前为已经故去的法老准备其转生之旅的材料,游戏考察玩家的反应能力。玩家可通过这一游戏了解埃及制作木乃伊所使用的物品以及埃及金字塔的类型。而在"埃及探险之旅"游戏中,玩家需要回答有关埃及的不同问题,解决考古学家在考古过程中提出的疑问,观察金字塔中隐藏的物品和器具。玩家在回答问题时,系统会给予实时反馈,玩家可以不断更正自己的回答。解决基础问题后,玩家可以继续挑战衍生问题,以了解更多拓展性知识。玩家可以借助游戏了解金字塔中埋藏的器物。游戏为教师提供相应的学习单(图 6-20)与教案设计、学习材料,以帮助教师更好地使用这一平台。

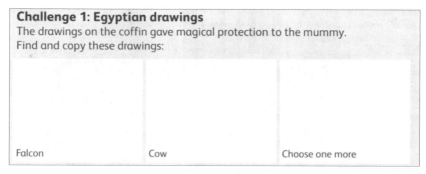

图 6-20　"埃及的金字塔"游戏学习单

6.3.7　英国科学博物馆联盟——"陷入黑暗"

(1)博物馆及游戏简介

英国科学博物馆联盟汇集了英国大部分科学博物馆的资源,包括活动、游戏和视频,同时支持一系列课程主题的活动,以供课堂、博物馆及画廊等场所使用。

"陷入黑暗"游戏是英国科学博物馆联盟推出的网页游戏(图 6-21),旨在让青少年了解电和磁相关的科学知识,并在日常生活中进行实践。

游戏主要面向 7～14 岁的青少年,游戏情境设定为小镇突然停电,玩家通过探索停电原因,力图使小镇恢复供电。(表 6-14)

表 6-14 "陷入黑暗"游戏简介

博物馆名称	英国科学博物馆联盟
博物馆类型	科技馆
游戏名称	陷入黑暗
博物馆网址	https://learning-resources. sciencemuseum. org. uk/
游戏对象	7~14 岁青少年
游戏内容简介	"陷入黑暗"为英国科学博物馆联盟推出的角色扮演类解谜游戏,玩家在手电筒电力耗尽前进入黑暗,探索不同的地点,结识新角色,利用科学知识帮助小镇重新获得电力,并推断出小镇陷入黑暗的原因
游戏网址	https://learning-resources. sciencemuseum. org. uk/resources/total-darkness/

图 6-21 "陷入黑暗"游戏首页

（2）游戏设计

　　游戏背景设定在一个小镇上,玩家是镇上的居民。有一天小镇突然停电,玩家需要通过仅剩的一个手电筒探索小镇中的地点,在手电筒电量耗尽之前找到引发小镇停电的真正原因,并让小镇恢复供电。在游戏页面的右上方可以进行声音及菜单设置,同时有了解游戏信息、寻求游戏帮助、重新启动游戏等功能(图 6-22)。游戏通过角色对话的形式推进剧情,玩家在探索地图时会遇见不同的 NPC。与 NPC 对话,并利用科学知识解决其遇到的问题,可以获得有关小镇停电的猜想、推理以及提示(图 6-23)。玩家需要利用获得的信息,排除其中错误的答案,进而解开谜团。游戏中玩家自主选择空间较大,每一个选择都会引发不同的对话路径。玩家可以自由探索黑暗小镇的各个地点,每到一个地点,手电筒电池的电量会相应下降。

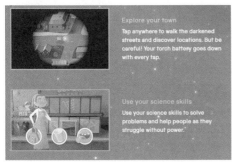

图 6-22　"陷入黑暗"游戏帮助页面　　　　图 6-23　"陷入黑暗"游戏页面

（3）教学设计

游戏主要考察玩家的好奇心、创造力以及沟通技巧三个维度的技能。系统在游戏最后会对玩家三个维度的表现给予评分,并指出玩家最常用的是哪种技能(好奇心、创造力、沟通技巧)。例如,玩家在好奇心方面得分较高,系统页面就会显示:"你的好奇心总是驱使你去发现更多的东西,并产生下一个大胆的想法。科学需要好奇的探险者——就像你一样。你问的问题越多,你就会找到越多的解决方案!"当玩家与 NPC 对话时,如果不断反复追问,其获得的信息会更多,好奇心指数也会相应增长。

游戏能够在多个方面帮助玩家提升自我,主要包括:①游戏可提升玩家的科学技能,如提问、团队合作、寻找和使用证据、沟通、创造性解决问题、创造性思维等能力。例如,如何通过已有的证据推翻过去提出的假设,玩家可通过询问警长获取监狱中逃犯是否被抓回的信息,以此验证小镇的电闸是否是被逃犯破坏这个猜想。②帮助玩家了解科学知识及其在日常生活中的应用。例如,玩家可利用电生磁的原理从养殖食人鱼的鱼缸中吸取铁类物品。

6.3.8　英国科学博物馆联盟——"寻宝者"

1. 博物馆及游戏简介

"寻宝者"游戏鼓励玩家在博物馆中探索,不仅仅浏览博物馆中最受欢迎的物品,还去关注、了解玩家在参观中没有注意到的展品,创造一种独特的参观体验。每个人都可以参与到活动中,并通过竞赛获得徽章及宝藏。(表 6-15)

表 6-15　"寻宝者"游戏简介

博物馆名称	英国科学博物馆联盟
博物馆类型	科技馆
博物馆网址	https://learning-resources. sciencemuseum. org. uk/
游戏名称	寻宝者
游戏对象	5～14 岁的青少年
游戏内容简介	这是一款由英国科学博物馆联盟推出的 APP,用户可以借助这一 APP 探索英国各地的科学博物馆。
游戏网址	https://learning-resources. sciencemuseum. org. uk/resources/treasure-hunters-gamify-museum-visit/

(2)游戏设计

"寻宝者"游戏为移动端游戏,玩家可以在任何地点进行这一游戏,无论是在家中还是在博物馆(图 6-24)。玩家可以选择一人或多人(两至四人)模式。无论玩家是独自一人还是组成队伍,仅需要一台设备即可参与游戏。游戏开始时,玩家需要输入姓名、选择头像。游戏提供了一系列的卡通形象供玩家选择,每个卡通头像都有独特的动画效果。如玩家没有设定个人信息,系统会自动分配头像。在选定个人信息后,玩家可以选择是在指定博物馆中还是在博物馆外开展探索活动。该系统支持英国国家铁路博物馆、国家科学与媒体博物馆、科学与工业博物馆等博物馆。选定地点后,系统会随机给出任务,例如拍一张你觉得很贵的东西的照片、寻找能够快速移动的东西、拍下你能找到的最大的轮子的照片等。玩家可以通过刷新任务以获得更合适的任务。

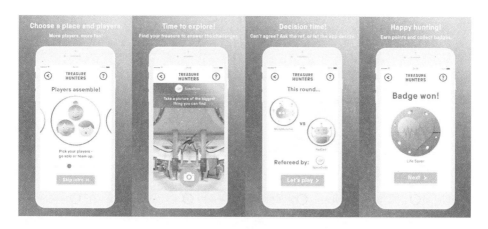

图 6-24　"寻宝者"游戏界面截图

　　在单人竞赛中,玩家通过拍摄符合描述的物品,完成任务以获取徽章。玩家完成 1、5、10 个任务时均会获得相应的徽章。玩家可随时退出游戏,游戏会生成玩家的任务完成次数、徽章获得情况的报表。

　　在两人模式中,由两个玩家轮流执行同一个任务,找到符合描述的对象并拍摄它。由参与游戏的两位玩家共同决定胜利者,若玩家的意见不统一,可选择由应用程序进行判定,但系统给出的结果是随机的。获胜者将获得 10 分的奖励,而失败者积分为 0。两轮后会有小组合作项目,提交任务后玩家将会获得相应的徽章。例如,当玩家完成任务"找到一件好看的东西"时,系统会自动授予"美丽"徽章。退出游戏后,系统会筛选出获胜玩家,并显示每个玩家的得分、徽章以及积分情况。

　　三至四人的游戏模式中,会有一人扮演裁定者,将分数分配给参与竞赛的两个选手。选手与裁定者的身份会进行轮换。游戏过程中也有团队任务,任务是收集特殊徽章。每轮的获胜者均会获得积分,最终的获胜者在玩家选择"结束游戏"时公布(表 6-16)。

表 6-16 "寻宝者"游戏多人模式规则

轮次	三人比赛	四人比赛
1	竞赛:甲、乙 裁定:丙	竞赛:甲、乙 裁定:丁
2	竞赛:乙、丙 裁定:甲	竞赛:丙、丁 裁定:甲
3	合作任务	合作任务
4	竞赛:甲、丙 裁定:乙	竞赛:甲、乙 裁定:丙

（3）教学设计

"寻宝者"游戏引入了竞赛、徽章、积分等游戏元素,激发玩家在参观博物馆时深入探索的动机。通过简单的寻找目标物品的游戏,在竞争中培养玩家的观察能力、快速反应能力、即时记忆能力,在合作中培养玩家的沟通协作技巧。同时"寻宝者"游戏在如下方面区别于一般的博物馆线上游戏:①"寻宝者"游戏没有地点限制,其开发团队来自英国国家科学馆联盟,内部储存了多个合作机构的信息,能够在多个博物馆开展竞赛,同时玩家也可选择在非博物馆场所开展竞赛,大大提升了游戏的适用范围。②"寻宝者"游戏结合了线上与线下的内容,是基于位置的移动式学习,通过游戏玩家能够进一步了解博物馆中的藏品信息。

第7章　博物馆学习创新应用案例

7.1　浙江教育技术数字博物馆的设计与应用

浙江教育技术博物馆位于浙江省杭州市学院路 35 号浙江教育综合大楼，主要展示了新中国成立以来浙江省各级各类学校用于支持教育教学的各种教具，以及对未来教育的探索和发展蓝图。该博物馆中的各类教学用具吸引了越来越多的中小学生前来参观，已经成为第二课堂的重要组成部分。然而博物馆的学习活动受到交通、时间、空间等因素的制约，存在参观效率低、缺乏学习评价等问题。针对这些问题，在教育技术专家论证的基础上，浙江省教育技术中心开发了浙江教育技术数字博物馆。

7.1.1　博物馆学习的理论支持

建构主义强调学习者的主动性，认为学习是学习者基于原有的知识经验生成意义、建构理解的过程，注重情景、协作、会话和意义建构（王永锋等，2010）。基于数字博物馆的第二课堂学习是中小学生主动进行自我经验构建的过程；游戏化学习强调将游戏设计的元素如游戏环境、人机交互，以及有趣的内容情节和机制等应用于学习活动中，从而达到提高用户参与度、用户黏度和用户忠诚度的目的（鲍雪莹等，2015）。研究表明，动画、视频、游戏等数字化资源被众多的中小学生喜欢（舒昊等，2014）。经验之塔理论认为越具体形象的经验越容易被人们所理解，学习应当从具体入手逐步过渡到抽象。基于以上分析,数字博物馆的设计既要注重创设沉浸性的学习环境,模拟情景化的角色,开展灵活的协作学习,融合具有黏性机制的游戏化元素,又要注重数字化内容呈现的具体性和形象性。

7.1.2 浙江教育技术数字博物馆需求分析与建设目标

浙江教育技术数字博物馆主要面向中小学生,他们对数字化资源的沉浸性、趣味性和交互性要求较高。在浙江教育技术数字博物馆中,要求学生能够以第一人称的视角自由参观馆藏的各种教学工具,了解教育技术的发展历程,体验教学工具为教学带来的帮助,探索教具所蕴含的科学原理,以期达到参观真实博物馆的体验效果,弥补由时间、交通、距离和空间等因素给参观实体博物馆带来的不便,为基于博物馆的中小学生第二课堂的开展提供便利。

7.1.3 浙江教育技术数字博物馆开发技术与系统架构

(1)开发技术

浙江教育技术数字博物馆采用 Web 3D 虚拟现实技术构建,以第一人称的视角为中小学生创设了一个具有沉浸性、趣味性、交互性和探索性的第二课堂学习环境。浙江教育技术数字博物馆所采用的开发技术如表 7-1 所示。

表 7-1 浙江教育技术数字博物馆系统开发所采用的技术

软件/语言	用途
Photoshop CS6	用于开发过程中的所有图片编辑
Autodesk 3DSMax 2012	用于所需三维模型的制作
Unity 3D 4.5.5	用于虚拟场景的制作和探究性学习交互操作的制作
krpano 1.19 pr8	用于所有全景环视场景的制作
Java /HTML	用于承载所有图文资源,负责所有程序与数据库的数据通信

（2）系统架构

浙江教育技术数字博物馆在系统结构上分为前台和后台两个部分，前台主要面向学生参观数字博物馆，后台主要用于管理员对数字博物馆进行管理操作，如图 7-1 所示。

在前台，学生通过手机、电脑和平板电脑等终端访问数字博物馆，Java 程序向资源库的 MySQL 数据库发送资源浏览请求，MySQL 数据库响应资源浏览请求，将资源库中存储的 3D 模型、链接、视频、声音、图片、文本和文档等资源以网页、全景环视和虚拟现实的形式呈现给学生。在后台，管理员利用电脑、手机等终端访问数字博物馆的管理模块，通过 Java 程序、Unity 3D 程序和 krpano 程序对资源库中的资源进行添加、审核、编辑、删除等操作，MySQL 数据库通过 Java 程序响应管理员的操作请求，从而实现对博物馆的管理。

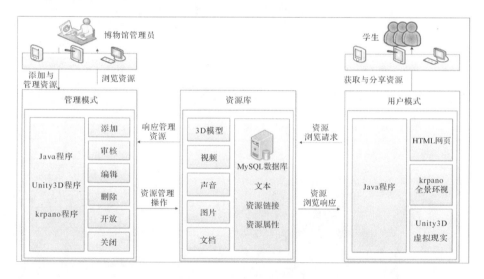

图 7-1　浙江教育技术数字博物馆系统架构

7.1.4　浙江教育技术数字博物馆内容与功能

浙江教育技术数字博物馆主要分为教育技术体验馆、教育技术陈列馆、教育名人与历史剪影、探究性学习和互动答题五个模块。

（1）教育技术体验馆

教育技术体验馆主要包括智慧教室环境、移动校园校车安全监控、基于云计算的在线课堂、基于大数据的学习分析、3D打印机、DisLab创新实验、数码显微互动实验、虚拟演播室和智能语音的个性化语言学习等内容。以实体馆为基础，利用Unity 3D对智慧教室进行了模拟，向学生展示声、光、电等智能化控制的教学环境，结合游戏化的交互操作模式对现代化教学仪器的运行进行了仿真，为学生创设身临其境的感觉。在高度沉浸的数字化模拟环境中，让学生能够深刻体验当前教育技术的发展成果。教育技术体验馆还设置了虚拟导游讲解和自主探索两种漫游模式供学生选择，学生既可以跟随导游去了解馆藏内容，也可以选择自主漫游，为学生的参观学习提供便利。（图7-2至图7-5）

图7-2 虚拟导游讲解

图7-3 虚拟演播室视频合成原理模拟

图7-4 模拟打印机打印DNA模型

图7-5 模拟电磁感应原理

（2）教育技术陈列馆

教育技术陈列馆主要展示了浙江省教育技术的发展历程和中小学各学科近300件教学仪器，如表7-2所示。

表 7-2　教育技术陈列馆馆藏内容

主题	区块	具体内容
浙江教育技术的发展历程	教育技术的起源	民国时期教育文件、教学挂图等
	20 世纪 50 年代至 60 年代前	浙江省教育厅的成立、开展电化教育工作等
	20 世纪 60 年代至 70 年代	教育与劳动相结合的体系内容、农业教具等
	20 世纪 70 年代末至 90 年代	浙江省电化教育馆的成立，推进广播、电视等
	20 世纪 90 年代以后	浙江省教育技术中心成立、普及信息技术教育等
中小学各学科教具的发展	化学教学仪器	化学药品、气体电量计、硫酸制作模型等
	物理教学仪器	天平、法拉第圆盘发电机、手摇发电机等
	地理教学仪器	地球仪、地震仪、风速计等
	生物教学仪器	人体解剖模型、细胞模型、DNA 模型等
	电影与投影教学仪器	135 白昼幻灯机、胶片放映机、便携投影仪等
	录音教学仪器	CF666 录音机、电子管盘式录音机等
	录像教学仪器	AVC32501 黑白摄像机、SONY5850 录像机等
	计算机教学仪器	286—486 计算机、奔腾系列计算机等
	其他教学仪器	刻字钢板、BF3 扫描仪、212 矢量仪等

　　教育技术陈列馆采用实景拍摄的方式，利用 krpano 1.19 pr8 软件为学生创设了一系列的全景场景，通过锚点链接的方式将其串联为一个完整的博物馆真实环境。在教育技术陈列馆中设置了游戏化的 UI(User Interface)漫游地图、胶片式导览、自动漫游和旋转缩放的交互式操作按钮，为学生的漫游参观提供便利。此外，当鼠标点击每个展品时，系统会弹出对应展品的详细说明，从而帮助学生提升对教学仪器的深层理解。如图 7-6 所示。

（3）教育名人与历史剪影

　　教育名人和历史剪影模块主要包括民国以来的浙江省教育名人和浙江省电化教育馆成立后的重大历史剪影。教育名人和历史剪影内容主要为老照片和文本资料，因此利用 Java 编译 HTML 页面，采用图文并排的简洁形式呈现给学生。

（4）探究性学习

　　探究性学习是专门针对中小学生实践探索能力设计的模块，以学习单

图 7-6　教育技术陈列馆的数字化全景展示

的形式呈现给学生（图 7-7），主要包括矿石收音机（图 7-8）、3D 打印（图 7-9）、汽车变速系统（图 7-10）等一系列案例。学习单的设计以日常生活的实际需求为导向，引导学生去了解生活中所蕴含的科学知识。在学生了解背景知识之后，学习单为学生安排了解决实际问题的虚拟交互操作任务，考验学生对知识的掌握，让学生通过不断的实验直到获得成功，从而达到通过探究解决实际问题和获取知识的目的。

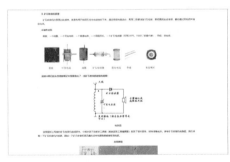

图 7-7　矿石收音机学习单

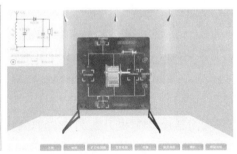

图 7-8　矿石收音机的制作

图 7-9　3D 打印与文物修复

图 7-10　汽车变速系统

（5）互动答题

在实体博物馆中，由于空间限制和人流量变化等原因，很难对学生的参观学习活动进行评价，长期以来缺乏学习评价机制，而在数字博物馆中不存在这些因素的限制。浙江教育技术数字博物馆设置了互动答题模块。互动答题模块以浙江省教育技术的发展历程、中小学教具的识别和教具所蕴含的知识原理为核心内容，通过选择题的形式呈现给学生。学生按照顺序完成测试，提交测试后系统会对学生做出评价，并给出正确答案，系统会对学生的成果进行排名，如图 7-11 所示。

图 7-11　互动答题测试与排名

7.1.5　浙江教育技术数字博物馆应用效果

当前浙江教育技术数字博物馆的访问量已经远远大于实体馆的访问量。通过对数字博物馆和实体博物馆的学习调研，发现基于数字博物馆的调查对象的学习效果好于实体博物馆。通过问卷调查，发现多数学生对数字博物馆的总体体验感到满意，他们认为基于数字博物馆的第二课堂更加节约时间，资源获取更加便利，体验效果近似于实体博物馆，甚至更加喜欢参观数字博物馆。虽然数字博物馆与实体博物馆相比更具有优势，但是从调查结果来看，喜欢参观数字博物馆的人数与实体博物馆的差距非常小。由于在实体博物馆能够真实地感受展品，举办各类亲子活动、娱乐活动等，所以数字博物馆并不能够取代实体博物馆的角色，两者相辅相成，互为补充。

7.2 莫干山农村数字博物馆的设计与创新应用

文化遗产是连接过去和现在的桥梁,具有较高的科学、经济和教育价值,承载着人们的民族认同感、归属感和信仰,对地区的稳定与发展也具有重要的价值。在过去的半个世纪里,由于文化遗产的社会经济价值,它在世界范围内受到越来越多的关注。中国是世界文明的重要发源地之一,在丰富多彩的中国文化中,农村文化尤其具有价值,因为中国农耕历史长达万年,农村是文化的发源地,保留了大量珍贵的原始传统文化遗产(韩凝玉等,2016)。农村文化主要包括地方建筑、文物、农具等有形文化,以及民俗、民间艺术、传统技艺等非物质文化。文化遗产是记录农村传统生产、生活、习俗、道德等方面的宝贵财富,它反映了农村在不同地区的发展历史,承载着农民的乡愁和信仰。因此,农村文化遗产是理解和传承中国传统文化的基础,传统村落甚至被称为研究中国历史的"活化石"。

由于工业化、城镇化、土地流转和新农村建设等因素,2010 年至 2018年,我国农村数量从 360 万减少到 60 万,随着自然村的消失,大量的农村文化遗产被遗弃,文化传承出现断层(解彩霞,2016)。为保护和传承农村文化遗产,2013 年浙江省启动了"农村文化礼堂"工程,建设了一批集文化传承、礼仪、娱乐于一体的综合性农村文化礼堂,为保护与传承农村文化遗产、推动当地经济发展做出了贡献。然而,农村文化遗产保护和传承受到时空、人口结构、社会发展等因素的限制,其保存需要投入大量的建设和维护资金,而目前无法满足大量农村地区文化遗产保护与传承的迫切需要。因此,需要新的保护与传承模式予以补充和优化,虚拟博物馆为农村文化遗产的创新传承提供了契机。

莫干山位于浙江省湖州市德清县境内,为天目山之余脉,是中国四大避暑胜地之一,是莫干山镇政府的所在地。勤劳的莫干山先辈和众多的历史名人,为当地留下了大量宝贵的文化遗产。当地的社会经济发展、新农村建设对当地农村文化遗产造成了一定的破坏。由于农村人口流动性大,传统的文化遗产保护模式无法保障文化遗产的正常传承。在该背景下莫干山农村数字博物馆应运而生,以用于农村文化遗产的创新传承。

7.2.1 莫干山农村数字博物馆的内容设计

莫干山农村数字博物馆以"乡村记忆"为特色,记录乡村生活。它展示莫干山农村地区的历史变迁,对当地现存、破坏和已经消失的文化遗产采用虚拟现实技术进行呈现。按照农村数字博物馆内容框架,莫干山农村数字博物馆划分成农耕文化馆、传统建筑馆、农村生活馆等 8 个展厅,选取了当地有代表性的 510 项文化遗产在这 8 个展厅中呈现,如表 7-3 所示。

表 7-3　莫干山农村数字博物馆馆藏内容

展馆名称	展馆内容
农耕文化馆	木犁、扬谷机、草耙、水车、龙骨水车、木耙、风扇车、脚踏打谷机、双辕车、锯齿镰刀等
传统建筑馆	民国时期建筑风格、新中国成立后的建筑风格、改革开放后的建筑风格、当前的建筑风格等
农村生活馆	雕花床、老衣柜、太师椅、老式梳妆台、新中国成立初期结婚证、老灶台、粮票、辘轳井、《毛主席语录》等
民间技艺馆	竹骨扇、羽毛风筝、油纸伞、竹灯、织布工艺、竹编工艺、炒茶工艺、箍桶工艺、编草鞋、编竹席等
民风民俗馆	婚礼习俗、社戏、乾元龙灯、赛龙舟、打年糕、年猪饭、鳌鱼灯等
民间传说馆	《范蠡与西施故事》《干将与莫邪故事》《防风传说》《放牛娃》《出嫁歌》《采菱歌》《荷花溪》《一颗星等》
特产小吃馆	茶糕、南瓜圆子、细沙羊尾、麦芽塌饼、镬糍、烘豆茶、笋干炒肉、酸斋笋、莫干黄芽等
当地美景馆	田园生活、青山绿水、各种工艺加工场景、当地风景老照片等

7.2.2 莫干山农村数字博物馆的功能实现

莫干山农村数字博物馆主要分为访客模块和管理模块两个部分,利用当前比较流行的软件、技术和平台开发而成,最后将其部署在阿里云服务平台上,如表 7-4 所示。

表 7-4　莫干山农村数字博物馆的开发软件与技术

软件/语言	描述
Unity 3D	全球流行的 Web 3D 游戏引擎
火车头采集器	中国流行的网络资源采集软件
720 云平台	中国最大的全景展示平台
微信	中国最热门的社交软件
PHP/HTML5	超级文本预处理语言/标准通用标记语言 5.0
3DS Max 2016	全球流行的 3D 模型制作软件
阿里云	中国最大的云服务平台

（1）访客模块

访客模块主要包括虚拟博物馆漫游体验、文化遗产内容分享、文化遗产资源共建和交流互动四个部分。

①虚拟博物馆漫游体验

莫干山农村数字博物馆首先采用 3DS Max 2016 制作文化遗产模型，然后使用 Unity 3D 和 720 云平台整合文化遗产模型、虚拟空间和真实全景空间发布而成，采用第一人称视角的游戏模式，给访客创造身临其境的参观体验。在虚拟博物馆中，访客既可近距离观察馆藏文化遗产内容，又可以点击展品浏览详细信息，如图 7-12 所示。此外，莫干山农村数字博物馆还采

图 7-12　莫干山农村数字博物馆内容展示

用 HTML5 的多分辨率自适应架构,使该博物馆在手机、平板电脑和电脑等不同分辨率的屏幕中呈现最佳效果。

莫干山农村数字博物馆设置了多种身临其境的漫游参观模式,如自主漫游、自动漫游和地图漫游等。自主漫游模式中,访客像参观真实博物馆一样,可以自由控制第一人称视角的移动和旋转,同展馆中的展品进行互动;自动漫游模式中,访客不需要任何交互操作,以第一人称视角自动跟随各个展馆设定的漫游路线,快速参观馆藏内容;地图漫游模式中,采用展馆的顶视地图导航,点击地图中设定的热点,实现第一人称视角的快速跳转,为访客的精准定位参观地点提供便利,如图 7-13 所示。在参观过程中,访客可以控制播放的江南特色乡村音乐,配合高度沉浸的虚拟环境,有助于激发访客的"乡情乡愁"。此外博物馆的文化遗产内容之间按照相同的分类、地域、相似度标签,与各地的文化遗产网站的同类内容建立了知识关联,为访客浏览更多相关的文化遗产内容提供便利。

图 7-13 莫干山农村数字博物馆的漫游参观模式

②文化遗产内容分享

社交软件拥有庞大的用户群,而微信已经成为当地村民生活中社交、通话和信息分享的主要工具。在博物馆的页面中设置了微信分享二维码,访客扫描所在页面的二维码,可以将博物馆中感兴趣的文化遗产内容分享给自己的朋友或分享到自己的微信朋友圈,在朋友圈中的朋友可以对精彩的文化遗产内容点赞或评论,从而鼓励用户更加积极地参与农村文化遗产内容的分享与传播,如图 7-14 所示。

图 7-14　基于微信的文化遗产分享

③文化遗产资源共建和交流互动

文化遗产资源共建和交流互动部分都采用 PHP 和 HTML5 开发而成。文化遗产资源共建为方便当地村民和访客捐献他们的文化遗产资源提供了重要的通道。通过这个通道,村民和访客可以将自己拥有的,在任何时间、任何地点采集的文化遗产资源,如模型、图片、声音、视频和文本等,利用手机和电脑上传到博物馆中,等待管理员的审核和加工处理后,在博物馆中展示,这实现了管理机构和村民共同完成莫干山农村数字博物馆的资源建设机制。在这个资源采集过程中,管理机构会赠送村民一些小礼品作为奖励,提高他们参与资源采集的积极性。

在交流互动模块,访客同管理员、其他访客之间可以交流,或向管理员咨询博物馆使用帮助信息、文化遗产保护技术、文化遗产资源采集、文化遗产承载的乡情乡愁等主题内容,从而提升对馆藏文化遗产内容的理解。

(2)管理模块

管理模块是莫干山农村数字博物馆运行和维护的核心,主要采用 PHP 开发而成,用于管理莫干山农村数字博物馆的所有内容。内容管理系统设置了管理员注册权限,从而使更多的村民参与莫干山农村数字博物馆的管理和维护。在内容管理系统中,管理员借助添加、修改、删除和审核,包括更改 3D 模型的 Scal、Rotation、Position、Texture 属性等操作,对博物馆所有资源进行管理。此外,管理员可以与访客互动,解答他们的疑问,参与和管理他们在交流互动模块的主题讨论内容。

7.2.3 莫干山农村数字博物馆的应用效果

莫干山农村数字博物馆于 2016 年 12 月完成,被部署在阿里云上。与当地具有代表性的勤劳村文化礼堂(实体馆需要 400 平方米的物理空间)相比,数字馆只需要 100G 的网络空间,却创造了 2700 平方米的展示空间,约 7 个实体馆的大小。数字馆陈列展品 510 件,是实体馆的 5 倍多。数字馆耗资 10 万元,成本只有实体馆的十分之一(即使当地政府为实体馆建设提供了免费场地和空置建筑)。截至 2018 年 12 月 1 日,数字馆开放 24 个月,累计访问人数 13 万人次,访客包括中国、美国、加拿大等国内外用户。而实体馆开放 48 个月,访客仅为周边群众,莫干山农村数字博物馆的投入产出效益要大于传统的实体文化礼堂的效益。

通过问卷调研发现,莫干山农村数字博物馆的呈现效果并不弱于农村文化礼堂的呈现效果;基于莫干山农村数字博物馆可以更加便捷地获取知识,传播农村文化;多数的访客更加愿意参观数字馆,并通过该方式传承农村文化。

第 8 章　虚实融合的博物馆学习环境与评价

8.1　虚实融合的博物馆学习环境

8.1.1　概念界定

学习者所面对的学习环境大致可以分为两类：一是基于课堂的"现实世界"，二是基于网络和多媒体的"虚拟世界"。在现实的学习环境中，人们可以通过现场讲授、演示、操作练习的方式进行学习活动，来获得真实的学习体验。而在虚拟的学习环境中，在网络和多媒体手段的帮助下，学习者可以打破时空的限制，获得更多样的学习体验。由于上述两种学习环境在培养学习者能力时有着各自的优势和局限，因此，构建结合两者优势、互补各自缺陷的虚实融合的学习环境显得十分重要(张剑平等,2018)。

什么样的学习环境才是虚实融合呢？我们可以从广义和狭义两个角度来进行理解。

从广义角度看，凡是综合发挥了现实世界中的学习场所与信息技术构建的虚拟空间的作用的学习场所，都属于虚实融合的学习环境。例如，近年来人们所关注的线下线上一体化(Offline to Online,简称 O2O)的学习环境就是虚实融合的学习环境的典型例子。从狭义角度看，虚实融合的学习环境是指一种通过传感设备识别、获取真实环境中与学习活动相关的信息，通过互联网的融合，将基于课堂和社会的真实学习场所与基于网络和多媒体的虚拟学习空间融为一体而产生的新型学习环境(张剑平等,2018)。我们讨论的虚实融合的学习环境主要是这部分概念。

在虚实融合的学习环境中,传感器和互联网是最主要的连接现实与虚拟的工具。传感器作为互联网的重要组成之一,用于获取和识别真实世界中有助于学习活动的信息,这些信息在经过数据化后可以直接被学习者采用。多媒体和互联网的作用主要体现在虚拟学习环境和数字化教学资源的构建方面,学习者在个性化的学习环境中可以获得与学习主题相关度更高的资源,避免在海量网络资源中迷航,提高学习效率,并有效支持协作学习活动的开展。

近年来,以互联网和虚拟现实技术为代表的新技术的发展,使得人们熟悉的学习环境正在不断由"实"变"虚"。随着互联网与物联网技术的开发和应用,传统校园逐步转变为数字化校园,向着智慧校园的方向演变。同时,博物馆承载着人类文化传承、科学知识普及以及社会教育使命,博物馆学习作为非正式学习的重要组成之一,其环境也从数字化环境向智慧环境发展。在虚拟与实体的不断交融中,学习环境正在被重新定义。

在博物馆学习中,将虚实融合的学习环境与非正式的学习方式结合起来,可以充分利用虚拟环境中丰富的网络信息资源、认知和交互工具来开展学习活动,又可以将学习活动置于现实环境的真实情景中,使学习任务更加真实且具有挑战性,以进一步激发学习者的兴趣和动机。

从情境教学的角度来看,博物馆学习是一种典型的情境学习,博物馆展品背后的相关知识及其特殊的文化背景为建构情景提供了良好的基础,使学习者能在博物馆环境中有效地进行意义建构。在设计博物馆的环境及学习活动时,运用虚实融合的技术,可以让学习者通过各种感官全方位参与学习活动,增强现实性的体验,更好地为学习者提供构建知识的情境保障(张剑平等,2018)。

8.1.2　虚实融合的学习环境的特征

"现实"学习环境和"虚拟"学习环境,同虚实融合的学习环境相比,在促进学习者有效学习的根本目标上是一致的(张剑平,2014),但在环境的实现和学习支持等若干方面,又有所不同。为得到虚实融合的学习环境的特征,需从哪些角度与"虚拟"学习环境和"实体"学习环境做比较，是需要研究清楚的问题。

在学习环境研究领域，PST（pedagogy-space-technology，教学法—空间—技术）框架（Radcliffe，2009；Radcliffe et al.，2008）为研究人员提供了简单灵活的指导方针，不仅可以应用在学习环境的设计上，同时可以作为学习环境评价的理论基础。PST框架表述了"教学法、环境设计与技术之间的关系"，并进一步探讨在不同类型的学习活动中学习环境所扮演的角色，以及技术在支持学习、教学和研究中所起到的作用。随着教与学理论的发展，"以学习者为中心"的教育范式进入人们的视野，关注学习者的理念逐渐深入人心，针对学习环境的设计领域也开始重视学习者的因素。澳大利亚学者Reushle（2006）在原有的PST框架中加入"人"，也就是"学习者"的元素，形成了PaSsPorT学习空间设计模型。如图8-1所示，PaSsPorT学习空间设计模型主要包含四个方面的要素，即空间要素、教学要素、人员要素和技术要素。本书参考PaSsPorT模型，从空间设计、教学设计、个性化支持及技术支持几个方面来对虚实融合的学习环境进行比较和分析。

图8-1　PaSsPorT学习空间设计模型

第一，空间设计方面。"现实"的学习环境的空间主要是现实中的真实活动空间；"虚拟"的学习环境的空间主要是由网络和多媒体构筑成的虚拟空间；而虚实融合的学习环境的空间是指借助传感器和网络获取实时信息，由真实和虚拟内容混合而成的学习空间。虚实融合的学习空间既基于实际情境，提供真实感官体验，又拥有虚拟环境中的海量学习资源。在新技术的有效支持下，实体博物馆与在线虚拟博物馆的有机结合已经成为可能，实体博物馆运用丰富的多媒体手段，可以创设一种天然的"多媒体"环境，这种多媒体环境为学习者创设了一种真实的、支持性的文化境脉（Zhao，2012）。

在这样的文化境脉中,学习者通过与展品、他人、环境进行持续互动,来对自身的意义和身份进行建构。

第二,教学设计方面。在学习资源上,"现实"环境的学习资源主要是纸质资源;"虚拟"环境的学习资源包括纸质、多媒体资源以及网络资源;而虚实融合的学习环境中的学习资源则同时涵盖多媒体资源、在线平台与工具以及真实环境中的实时信息等。虚实融合的环境允许教育者向学习者提供"现实"环境难以提供的数据,将基于校内的非正式活动与基于社会的非正式活动有机结合。在现代博物馆中,不仅有相当大数量的藏品,实体的学习空间在多媒体技术和互联网的帮助下,更有着数字化拓展学习资源甚至是虚拟博物馆。

此外,在学习方式上,"现实"环境中的学习方式主要为面对面学习与交流;"虚拟"环境中的学习方式则是以在线与面对面的混合学习为主;而虚实融合的学习环境中的学习方式主要为分布式的在线协作学习,有助于学习者在各自擅长的领域里取长补短,互通有无,在不同领域之中相互学习,共同进步。在博物馆中,利用移动设备进行移动学习,学习者不仅能有效地探索博物馆环境(Reynolds et al.,2010),同时在自适应导航系统的帮助下更能改善学习态度,优化学习效果(Chiou et al.,2010)。

第三,个性化方面。"现实"环境中的互动方式以师生互动为主,比较少有生生之间交流和同伴互动;"虚拟"环境中的互动方式则以生生之间交流为主,相对比较缺乏教师的辅助与指导;而虚实融合的学习环境中的互动是由社会公众构成的社会网络,学习者可以基于此进行自主的学习互动,依据其自身的认知习惯与学习风格进行个性化的探究和学习。虚实融合的学习环境支持"现实"环境中的问题解决型教学活动,并能够借助虚拟化的工具和手段开展科学研究,通过学习者个性化的协作与互动解决现实世界中的真实问题。在博物馆布展环节,运用合适的导航方案可以帮助学习者与博物馆展品、人员和环境进行充分的互动。

第四,技术支持方面。"现实"环境中的硬件设备主要为传统的物理设施,以传统的教学技术为技术支撑;"虚拟"环境中的硬件设备主要为多媒体系统与网络系统,以多媒体技术和网络技术为支撑;而虚实融合的学习环境中的硬件设备既包括嵌入式设备、多媒体系统,同时也包括网络系统,其技术支撑则同时包括互联网技术、智能传感技术以及虚拟现实技术等。这些虚实融合的技术将强化学习者在博物馆环境下的情境建构。《新媒体联盟地平线报告：2016 博物馆版》进一步提及博物馆学习将涉及自带设备（BYOD）、增强现实技术、基于定位的技术等。

8.2 虚实融合的学习环境的评价

PaSsPorT 学习空间设计模型重点关注技术与空间的融合，而博物馆作为高度融合技术与空间的学习环境，其环境特征与 PaSsPorT 模型的分析框架十分契合。因此，参考 PaSsPorT 模型的设计框架，本书从四个角度来对博物馆学习空间进行设计和评价，依次为空间设计视角、教学设计视角、学习者视角和技术支持视角。由于博物馆学习环境服务的主体对象是学习者，在博物馆学习的探索过程中，理想的博物馆学习环境应该秉承"以学习者为中心"的理念，关注和重视学习者，聚焦于对学习者个性化的有效支持，因此，从学习者视角看博物馆学习空间构建，应主要关注博物馆对学习者个性化的有效支持。故虚实融合的学习环境的评价视角如图 8-2 所示。

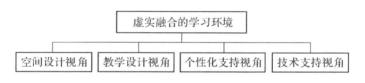

图 8-2 虚实融合的学习环境评价视角

8.2.1 空间设计评价

随着网络环境不断普及，基于网络的学习逐渐成为备受年轻人追捧的新兴学习方式和生活方式，其中的关键问题集中在如何利用现有的科学技术和网络资源，为学习者提供更优化的学习环境（Sternig et al.，2018）。对此，可行性系统模型（Viable System Model，VSM）提出，学习环境中应该增加交互方式与交流渠道，以鼓励学习者在学习过程中充分有效地沟通与交流，进而帮助其个性化的发展。同时，学习环境应该重点关注面向众多学习者的学习环境的有效性问题(Espejo,1990)。

MCEETYA(澳大利亚教育、就业、培训和青年事务理事会)提供的研究报告显示,学习者对基于网络的新兴学习环境的期待包括:用新颖和富有创造力的方式(甚至涵盖高科技的方式)吸引学习者,并保障学习者的顺利访问;为学习者创造新的学习机会和舒适愉悦的学习体验;提升学习效果,促进交互等。针对这些对学习环境的期待,MCEETYA(2008)进一步提出了学习空间框架(Learning Spaces Framework),在此框架下的学习空间包括物理空间、虚拟空间以及虚实融合的空间。学习空间框架的一级目录包含五项,依次为"能够提供流畅且有效的支持""具有良好的舒适性和包容性""增加互动机会和提倡协作学习""鼓励创造力和促进学习成果产出"以及"提升有效性和重视成果迁移"。二级目录的内容围绕各个一级目录展开,并将学习空间设计的要求具体表述出来。

通过调研国内情况不难发现,随着互联网和虚拟现实技术的发展以及计算机技术日新月异的进步,人们曾经极为熟悉的实体学习环境正在逐渐向虚拟学习环境过渡。虚实融合的数字化博物馆中的开展的学习活动,既包含传统课外学习的方式,也涉及游戏化学习、碎片化阅读等虚拟环境下的学习方式,还包括线上线下一体化(O2O)的学习方式(张剑平等,2016b)。虚实融合的博物馆学习隶属于非正式学习,其学习环境与前文 MCEETYA 提出的学习空间框架所指向的学习环境吻合。因此,参考 MCEETYA 的学习空间框架,并考虑博物馆学习环境的具体使用需求,基于空间设计维度,本书提取出以下评价指标。

(1)无障碍访问

博物馆的无障碍访问指博物馆学习环境在空间上(包含物理空间与虚拟空间)的无障碍通行,以及博物馆在时间上的合理开放。具体包括:

①保障学习者(包括行动不便人士)通行安全与使用方便

以学习者为中心的非正式学习理念应该面向全部学习者,其中不可忽视的是部分行动不便人士。基于实体博物馆的视角,博物馆中应该设置合理的无障碍设施以帮助行动不便的学习者安全顺利地进入博物馆,以此保证博物馆学习顺利进行;基于虚拟博物馆的视角,具有感官障碍的特殊人群是否能够顺利访问相关网站并无障碍地浏览必要信息,毫无疑问是衡量虚拟博物馆设计合理程度的必要因素。

②设置合理的开放时间

博物馆的开放是学习者能够进入博物馆并进行博物馆学习的前提条件。无论是实体博物馆的开放时间,还是虚拟博物馆的网站访问时间,都在相当大的程度上影响着学习者的博物馆学习情况。合理的开放时间是学习者能够顺利开始博物馆学习的有效保障。

(2)流畅性

流畅性指博物馆学习环境可以依据不同需求,及时、灵活、方便、快捷地进行重新规划、切换和配置。

(3)舒适性

舒适性是指为包括残障人士在内的学习者提供舒适的学习和休息场所及设施。例如,学习者(包括行动不便的学习者)在实体博物馆中参观学习时,有舒适的休息场所及必要的进餐空间;学习者通过网络参观虚拟博物馆时,虚拟空间访问路径设计合理,以保证学习者在博物馆学习过程中的舒适感受,提升学习者的学习体验。

(4)有效性

博物馆学习空间能够被有效运用并充分发挥价值。实体博物馆遵从空间设计原则,追求博物馆学习空间的合理有效;虚拟博物馆的链接、资料及交互空间均能够保证合理安全,且易于访问。

(5)交互空间

无论是虚拟博物馆还是实体博物馆,在空间设计中均应考虑设置专门的交互支持空间(包括虚拟空间与实体空间之间多种方式的交互)及分享与展示空间等。与此同时,空间的设计能够有效地支持学习社区,并旨在促进学习社区的良好成长及正向发展,在必要的情况下设置专门的策略以引导和促进学习社区的发展。

（6）跨文化支持

空间环境设计过程中应该考虑到不同文化背景学习者的文化习惯和宗教习俗，并予以充分尊重。

（7）虚实融合度

虚实融合是指博物馆的虚拟环境与物理环境的有效融合，即虚拟方式和实体方式能够有效交融并无缝对接，进而为学习者提供方便顺畅的博物馆学习环境。虚实融合的程度包括基于多个视角的融合，具体来说包含：

①基于信息呈现的角度

利用物联网等技术将物理世界与虚拟世界的信息实时交互、反馈与呈现。例如利用 GPS、传感器等技术，能够将空间、地理、环境等信息呈现至虚拟世界，而利用 VR 等技术，则可以将 3D 模型、历史场景等投射于特定的物理空间之上。虚拟空间和实体空间的重合、呈现程度，以及数据的实时交互等方面的实现程度，在很大程度上决定了博物馆学习环境是否能够灵活有效地支持学习者在博物馆中的学习。

②基于技术操作的角度

利用姿势识别、VR、远程实验室等技术，实现物理设备与虚拟设备连接、数据传输、模拟等操作，并尽力减小虚实环境操作方式之间的差异和距离。例如，通过姿势计算技术可以将学习者从电脑键盘前解放出来，实现操作的无障碍、丰富性及灵活性。

③基于学习资源的角度

博物馆中的展品等物理形态的学习资源与网站平台上的虚拟学习资料（例如 3D 展品、对展品高清摄影的细节呈现、展品拓展资料、相关学习资源等）的无缝结合，通过虚拟和实体两种学习资料的连接，使学习者可以突破多重制约，通过终端，随时、随地访问展品与相关学习资源。

④基于教学设计的角度

学习者的学习活动可以穿梭于虚拟和实体两种环境，而当学习者进行学习活动时，能够灵活切换，无技术障碍或操作障碍。

（5）基于角色互动的角度

实体环境的空间及展具设计能够有效支持实体空间中人员的交互，虚拟学习空间的社交工具能够有效支持虚拟空间中的交互。而当虚拟世界和实体世界的人员共同进行协作时，虚实环境应分别有相应的设计、工具及方法等，用以支持两个世界的人员实现无缝的协作学习，无障碍地进行交流、设计、协同等学习活动。

8.2.2　教学设计评价

在非正式学习评价的相关领域，基于教学设计视角，尽管西方发达国家很早就开始了针对数字化学习系统及在线教学系统的评价研究，但由于缺乏权威性评价标准，许多私人机构、民间组织、高校与研究单位发布了各种形式的评价标准。其中，影响力较大的是由美国教学设计与适用专业委员会研发的在线学习软件认证标准（E-learning Certification Standards）（Fallon et al.，2002）和由美国国家教育协会联合 BlackBoard 公司共同发布的在线学习系统质量测评标准（Quality on the Line）（Phipps et al.，2000）。在线学习软件认证标准采取 Angoff 方法，主要关注可用性、技术性和教学性三个方面，其中教学性是该标准中最受关注的部分。该标准中的教学性主要围绕教学活动设计与教学资源两项内容，其中教学活动设计主要关注目标、内容、策略等方面，教学资源则主要关注资源质量及表现形式的合理性。

基于教与学的设计方面，目前虚实融合的博物馆学习环境研究主要集中在参观展示活动单（Worksheet）、馆校结合学习设计、沉浸式学习体验及探究式学习等方面。

基于教学资源方面，目前直接面向博物馆学习资源进行评价的研究并不充分，但是，考虑到博物馆学习属于非正式学习中的一种特殊形式，其学习资源的评价可以借鉴国内外比较权威的非正式学习资源的评价标准，如美国软件行业协会 CAI 软件评价标准和在线学习课件认证标准。

纵观上述比较典型的数字化学习及在线教学系统评价标准，以及博物馆学习隶属的非正式学习的特征，在教学设计的维度上，本书提取出以下评价指标：

（1）教学设计

教学设计视角主要关注博物馆教学活动的设计是否符合博物馆特有的学习方式。例如，是否面向学习者及陪同人员提供学习单以引导学习者的博物馆学习；是否支持基于博物馆的探究性学习及沉浸式学习；是否针对博物馆学习的特殊性，有意识地考虑并实践具身认知理论；是否充分利用博物馆学习的资源和有利条件，支持基于博物馆学习资源的创客学习；是否关注博物馆与学校结合的学习设计；等等。

（2）教学资源

博物馆的教学资源是博物馆学习的基本素材，其质量直接影响学习者的学习兴趣、学习体验及学习成果。例如，博物馆教学资源的媒体技术运用是否合理，其表现形式是否足够丰富，表现风格是否统一，教育游戏、仿真交互等是否生动有效，艺术性能否使学习者感到满意，等等。

（3）兼容与发展

立足兼容与发展的角度，评估人员可以着重关注博物馆教学资源是否可重复利用。比如教学资源是否开放并易于被其他系统获取以相互共享；博物馆教学资源是否符合国际相关规范，使得其在不同的博物馆（包括实体博物馆和虚拟博物馆）之间可流畅通用；教学资源是否可以及时更新成长；等等。这些都是兼容与发展方面比较重要且实用的评价指标。

（4）学习支持与帮助服务

作为非正式学习的一种特殊类型，博物馆学习是以学习者为中心的自主学习方式，博物馆是否能够提供畅通的学习支持渠道及有效的帮助服务对学习者的影响不言而喻。畅通的学习支持渠道及有效的帮助服务不但是对学习者主动学习的有力支持，更是对学习者探索精神的极大鼓励，能够帮助激发学习者的学习兴趣，提升博物馆学习的体验，同时优化学习成果。

8.2.3　个性化支持评价

面对学习者数量的快速增加以及由此产生的学习需求的多样化,教学与学习的活动必须做出适当的调整以适应学习者的变化,同时尊重学习者的个性化差异。在这样的背景下,可行性系统模型(VSM)提出:学习环境应该支持个性化的学习方式,使之与学习者的数量以及学习者的个性化诉求达到相互匹配。

在 ICT 的有效支持下,个性化的虚实融合的学习环境正在逐步实现。信息技术环境下的个性化学习特征包括如下三项:尊重学生的个体差异,强调信息技术的个性化支持,以及以学生个性发展为目标(郑云翔,2014)。结合博物馆学习多样化的需要以及个性化学习的特征,基于个性化支持的维度,本书提取出以下评价指标:

(1)个性化操作定制

博物馆学习是以学习者为中心的非正式学习方式,能够突出学习者的主体地位,在充分考虑并尊重学习者个性化要素的基础上,支持其个性化发展。例如,个性化操作定制是针对学习者的既往使用习惯和个人学习风格,推出面向学习者个人的操作方式,以满足学习者的个人使用偏好和个性化的学习特征。

(2)学习者风格诊断

目前关于学习者风格诊断的研究存在一定程度的争议。但不可否认的是,学习者在既往的学习活动中通常会形成比较稳定的认知思维方式,而这种认知思维方式使得学习者倾向于采取某种特定的渠道接收讯息,或者通过某种独特的思维方式来解决问题。帮助学习者在博物馆学习的探索过程中了解自身的学习方式和认知习惯,进而借由博物馆这种比较轻松和自由的环境,在学习和探索的过程中反观自身,或者在必要的情况下优化自身的学习习惯,是博物馆学习相较于其他学习方式的潜在优势。博物馆学习环境的建设和评估应该着力于支持并促进上述学习过程的发生。

（3）适应性学习策略

适应性学习是一种自主的学习方式,学习者根据自身的学习风格和认知特点,同时结合自身的需求来获取相应知识,是博物馆学习中个性化支持的重要组成部分。适应性学习策略是指根据学习者的个体特征,在关注其个性化需求和认知特点的基础上,为学习者提供适应性学习内容。

（4）提供专家知识库或专家咨询

学习者在博物馆中进行非正式学习的过程,是一个不断探索和自主求知的过程,势必会遇到专业知识方面的困惑或者学习方式上的障碍。与正式学习环境不同,在学习者遇到问题或者产生困惑的情况下,非正式学习环境往往较难给予学习者积极的反馈信息或者及时的指导帮助,这是学界比较公认的非正式学习环境的欠缺之处。针对博物馆学习环境而言,提供专家知识库或者专家咨询能够比较有效地弥补非正式学习环境的不足,给予学习者及时有效的支持,帮助学习者克服障碍,避免畏难退缩或半途而废,保持博物馆学习的动力和兴趣。

8.2.4　技术支持评价

虚实融合的博物馆学习环境,包括以博物馆展馆、藏品为代表的实体环境和以博物馆数字化资源及数字博物馆为代表的虚拟环境。在技术支持的视角下,博物馆网站可以理解为一种典型的虚拟学习环境。在网站环境评价方面,有较为著名的虚拟学习环境(网站)评价框架(Kabassi,2017),该框架从可用性、功能性以及其他三个方面来分析和评价网站的技术支持水平。在虚拟学习环境的评价方面,以学习者为中心的沉浸式虚拟学习环境评价指标(Pirker et al.,2013)从可用性以及是否符合教学原则两个方面对技术支持水平进行了分析和评价。

在 ICT 高速发展的背景下,建立虚实融合的博物馆学习环境所依靠的技术日新月异。因此,博物馆环境的创设,不仅要考虑现实的需要,也要考虑未来可能的需要。与此同时,安全稳定的学习环境是一切学习活动的基础,所以,基于技术角度,应尽量保证虚实融合的学习环境的系统稳定性。

结合以上技术需要以及针对虚拟学习环境的两种评价标准,基于技术支持的维度,可以提取出以下的评价指标:

(1)可用性

可用性在 ISO 9126-1 中的定义是:产品处在特定的周围环境下,它可以被用户理解,快速学习,快速使用及对用户产生较大吸引力的能力。该定义体现了可用性的重要特征:易理解性、易学习性、易操作性和吸引性。许多学者认为 ISO 9126-1 中的定义尚需修改和扩展。所以,在 ISO 9241-11 标准中,可用性的定义被修正为:产品在特定使用环境下,针对特定用户,在特定用途中体现出的有效性、效率和用户主观满意度。本书认为,面向虚实融合的博物馆学习环境,其技术视角的可用性至少包含使用效率、易学性、保持力、出错率、满意度等要素。

(2)系统多语言与多元文化支持

系统的多语言支持是指非正式学习系统或应用软件能够同时支持多种语言的功能。在软件创作初期,一般的编程语言编译及开发都是以支持单语种为主,但是,为了适应博物馆学习中不同学习者的多种语言及文化习俗,相应软件有必要在设计结构和机制上支持多语言的扩展特性。软件多语言支持是不对软件系统使用者做任何假设的开发方法,软件产品的创建或修改,可在多个不同国家或地区和语言间使用(金晶等,2012),系统能够支持不同语言操作与不同显示风格,以方便兼顾不同语言及文化背景的学习者。

(3)学习过程记录

多项研究证明,学习过程记录能够帮助学习者反思自身学习过程并改进学习策略。对于博物馆学习而言,宽松自由的学习环境在学习过程中不设置传统意义上的教师或者监督者的角色,于是学习者的自我反思尤为必要。基于此,虚实融合的博物馆学习环境中学习过程记录功能较为重要,其不但可以保留详尽的过程性学习数据,同时可以帮助学习者通过学习分析不断优化自身的学习方式。

（4）兼容性

技术维度的兼容性至少包括软件方面、硬件方面和技术标准方面。软件方面是指博物馆学习环境能够提供常用软件的运行环境,保证软件能够有效使用;硬件方面是指其能提供常用硬件设备的接入,避免硬件兼容障碍;而技术标准方面是指其能够兼容国际软硬件通用标准,方便各个博物馆之间,以及虚拟环境和实体环境之间,依照通用标准实施有效对接。

（5）可扩展性

博物馆学习的技术保障应该服务于博物馆学习的特殊性及相应的学习方式。在虚实融合的博物馆学习环境中,学习资源变更速度快,学习方式灵活多样,所以基于硬件与软件角度,均应该具有良好的可扩展性,方便在必要的时候能够及时进行扩展和调整。

同时,虚实融合的环境营造所依赖的各项技术发展快速、日新月异。所以,技术具有一定的前瞻性,易于升级,能够配合软硬件的更新和迭代,也是可扩展性的重要评估指标。

（6）隐私保护策略

通常来说,个人隐私信息是指那些能够对学习者进行个人辨识或涉及个人通信的信息,包括下列信息:学习者真实姓名、身份证号、手机号码、IP地址、学习过程记录等。而非个人隐私信息是指学习者对博物馆中若干终端的操作状态、使用习惯等一些明确且客观反映在服务器端的基本记录信息,以及其他一切个人隐私信息范围以外的普通信息,或者用户同意公开的上述隐私信息。

重视并保护学习者个人隐私是互联网时代的基本政策,尤其博物馆学习中的学习者包括相当大数量的未成年人。虚实融合的博物馆学习环境应该注重使用相应的技术,防止学习者个人资料丢失、被盗用或遭篡改,保证不对外公开或向第三方提供学习者的注册资料及学习者在使用虚实融合的博物馆学习环境时存储的非公开内容。

（7）安全性

虚实融合的博物馆学习环境是一个面向大众的开放环境，对于信息保护和系统安全的考虑一旦不够完善，网络攻击与信息安全等网络安全隐患就会容易爆发，学习者的博物馆学习活动势必受到较大的影响。博物馆应考虑多种防护手段，例如防火墙、虚拟网络等，保障系统安全稳定，具有一定防攻击能力。

参考文献

鲍贤清,2016.科技博物馆中的创客式学习[J].自然科学博物馆研究,1(4):61-67.

鲍雪莹,赵宇翔,2015.游戏化学习的研究进展及展望[J].电化教育研究,36(8):45-52.

波兹曼,2004.娱乐至死[M].桂林:广西师范大学出版社.

陈刚,2007.数字博物馆概念、特征及其发展模式探析[J].中国博物馆(3):88-93.

陈刚,2013.从数字博物馆到智慧博物馆的发展趋势与挑战[C]//融合·创新·发展——数字博物馆推动文化强国建设:2013年北京数字博物馆研讨会论文集.北京:中国传媒大学出版社.

陈慧颖,2007.全球化进程中的传媒角色分析[J].理论界(9):220-221.

陈秋怡,2016.情境学习理论文献综述[J].基础教育研究(19):38-63.

陈勇,1997.科学精神与人文精神关系探析[J].自然辩证法研究(1):23-28.

陈宇先,2010.基于Flash ActionScript 3 的虚拟校园全景漫游[D].广州:中山大学.

丁福利,1999.博物馆教育的一个新使命和新机遇:关于博物馆配合学校素质教育的初步思考[J].中原文物(4):93-95.

冯骥才,2000.鲁迅的功与"过"[J].收获(2):10-12.

冯统,2017.馆校合作之课程实践研究[D].济南:山东艺术学院.

弗里曼,贝克尔,卡明斯,等,2016.新媒体联盟地平线报告:2016博物馆版[J].高茜,许玲,韩世梅,等译.开放学习研究(5):1-13.

弓立新,2014.科技博物馆为孩子开辟新的学习空间:访伍新春[J].少年儿童研究(8):27-31.

郭庆光,2011.传播学教程[M].北京:中国人民大学出版社.

韩凝玉,张哲,王思明,2016.农业文化遗产传播的媒体应用模式探析[J].中国农史,35(3):132-142.

黄春雨,2015.传统文化与现代化视野下的中国博物馆发展史[J].中国博物馆,32(4):14-20.

黄时进,2005.哲学视野中的科学传播受众研究[D].上海:复旦大学.

黄时进,2007.受众主体性的嬗变:媒体变革对科学传播受众的影响[J].新闻界(5):58-113.

赫尼,坎特,2015.设计、制作、游戏:培养下一代STEM创新者[M].赵中建,张悦颖,译,上海:上海科技教育出版社.

蒋宇,尚俊杰,庄绍勇,2011.游戏化探究学习模式的设计与应用研究[J].中国电化教育(5):84-91.

金晶,孟剑萍,陈超,2012.软件系统多语言支持设计与实现[J].指挥信息系统与技术,3(4):68-72.

金鹏飞,2011.浅谈计算机网络环境下信息系统的展览规划[J].计算机光盘软件与应用(23):10.

金雪,2011.浅析数字博物馆的发展[J].科学与财富(6):304.

康有为,1995.列国游记:康有为遗稿[M].上海:上海人民出版社.

李春会,2011.马克思主义大众化传播研究[D].长春:东北师范大学.

李卢一,郑燕林,2018.ARCS模型视角下创客项目设计研究[J].现代远距离教育(2):12-19.

李晓丹,2012.基于物联网的博物馆观众服务新模式[C]//北京市科学技术协会信息中心,北京数字科普协会.创意科技助力数字博物馆.北京:中国传媒大学出版社:85-88.

梁姗姗,2014.网络时代下博物馆营销[D].合肥:中国科学技术大学.

蔺丰奇,刘益,2007.网络化信息环境中信息过载问题研究综述[J].情报资料工作(3):36-41.

刘凡,2018.当传统文化遇见新兴媒体:以故宫博物院新媒体产品《韩熙载夜宴图》为例[J].文化创新比较研究(20):55-56.

刘汉龙,2017.网络社群的游戏化设计提升学习动机的研究[D].上海:上海师范大学.

刘炬航,2008.符号、"世界3"和信息时代的素质教育[J].内蒙古农业大学学报:社会科学版,10(4):287-289.

刘骏,薛伟贤,2012.城乡数字鸿沟测度指标体系及其实证研究[J].预测(5):12-17.

刘俊,祝智庭,2015.游戏化:让乐趣促进学习成为教育技术的新追求[J].电化教育研究(10):69-76.

刘诗,2016.问答型社交网站的社会资本获得研究:以知乎网为例[D].广州:暨南大学.

刘婉珍,2002.美术馆教育理念与实务[M].台北:南天书局.

刘玉斌,2019.博物馆要致力于传统文化的保护和传承[J].博物馆研究(1):32-36.

马莹华,2017.科技馆中基于STEAM的创客教育活动设计与应用研究[D].武汉:华中师范大学.

潘靖,2015.交互设计在博物馆导览中的应用研究[D].上海:华东理工大学.

潘靖,尚慧芳,2015.物联网时代的博物馆展示设计[J].设计(20):136-137.

庞红卫,2015.信息技术与新的教育不公平:"数字鸿沟"的出现与应对[J].教育理论与实践(10):5.

钱进,2014.教育改革背景下博物馆与学校教育的共赢发展[J].中国博物馆(3):118-121.

饶培俊,2014.基于物联网的信息共享对牛鞭效应的弱化影响[J].知识经济(2):111-112.

尚俊杰,李芳乐,李浩文,2005."轻游戏":教育游戏的希望和未来[J].电化教育研究(1):24-26.

尚俊杰,裴蕾丝,2015.重塑学习方式:游戏的核心教育价值及应用前景

[J].中国电化教育(5):40-49.

石晋阳,陈刚,2016.教育游戏化的动力结构与设计策略[J].现代教育技术,26(6):27-33.

舒昊,马颖峰,2014.国内中小学在线学习分析及思考[J].中国教育信息化(23):8.

宋伯胤,1986.博物馆与学校教育:兼论博物馆专业的学制与课程(一)[J].文博(2):251.

宋向光,2015.博物馆教育的新趋势[J].中国博物馆(1):14-17.

孙国林,2004.网络传播发展综述[J].成都大学学报:自然科学版(1):3.

孙莅文,邓鹏,祝智庭,2005.基于娱教技术的体验学习环境构建[J].中国电化教育(7):24-27.

汤雪平,2012.非正式环境中的科学学习研究[D].上海:华东师范大学.

田爱奎,2007.支持自主学习的数字化教学游戏研究[D].上海:华东师范大学.

王娜,田晓蒙,2016.大众分类法对信息过载的影响及优化策略研究:以豆瓣网为例[J].现代情报,36(9):74-87.

王婷,郑旭东,2015.场馆学习的历史、现实与未来:研究焦点与发展动态述评[J].现代教育技术,25(12):5-11.

王妍莉,杨改学,王娟,等,2011.基于内容分析法的非正式学习国内研究综述[J].远程教育杂志,29(4):71-76.

王炎龙,2009.网络语言的传播与控制研究[M].成都:四川大学出版社.

王永锋,何克抗,2010.建构主义学习环境的国际前沿研究述评[J].中国电化教育(3):8-15.

吴俊明,张磊,2016.科学的多元价值与科学价值观养育[J].化学教学(4):7-13.

夏文菁,张剑平,2015.文化传承中的场馆学习:特征、目标与模式[J].现代教育技术,25(8):5-11.

项隆元,1991.试论博物馆教育与学校教育的联系与差异[J].文博(6)：62-67.

解彩霞,2016.村庄"空壳化"与"挂钉共同体"的形成：基于黄土高原 X 村的个案[J].西部发展评论:167-174.

修春华,孙秀娟,苗坡,等,2015.基于 Unity 3D 的虚拟矿山漫游仿真系统设计与实现[J].金属矿山(4):262-266.

徐思彦,李正风,2014.公众参与创新的社会网络:创客运动与创客空间[J].科学学研究,32(12):1789-1796.

许玮,张剑平,2015.场馆中的情境学习模型及其发展[J].现代教育技术,25(9):5-11.

杨现民,李冀红,2015.创客教育的价值潜能及其争议[J].现代远程教育研究(2):23-34.

尹章池,赵旖,2013.融媒体时代传媒产业的现状以及发展对策[J].今传媒,21(4):14-15.

张剑平,2014.虚实融合环境下的适应性学习研究[M].杭州:浙江大学出版社.

张剑平,胡玥,夏文菁,2016a.集体智慧视野下的非正式学习及其环境模型构建[J].远程教育杂志,34(6):3-10.

张剑平,夏文菁,2016b.数字化博物馆与学校教育相结合的机制与策略研究[J].中国电化教育(1):79-108.

张剑平,夏文菁,余燕芳,2017.信息时代的博物馆学习及其研究论纲[J].开放教育研究,23(1):102-109.

张剑平,等,2018.虚实融合环境下的非正式学习研究[M].杭州:浙江大学出版社.

张秋莲,李涵,2011.360 度全景展示在虚拟博物馆中的应用探索[J].中国国家博物馆馆刊(9):154-156.

张文娟,2015.场馆 App"皇帝的一天"游戏元素解读[C]//北京数字科普协会会议论文集.北京:电子工业出版社.

张岩峰,2015.正确认识多媒体技术在课堂教学中的辅助作用[J].新课程(上旬)(12):226.

张燕,梁涛,张剑平,2015.场馆学习的评价:资源与学习的视角[J].现代教育技术,25(10):5-11.

章于红,2010.合作学习团队在大学英语教学中的应用研究[D].上海:华东师范大学.

郑旭东,李志茹,2015.新兴信息技术在博物馆学习中的创新应用:现状、趋势与挑战[J].现代教育技术,25(6):5-11.

郑云翔,2014.信息技术环境下大学生个性化学习的研究[J].中国电化教育(7):126-132.

邹蓓,葛卫华,2014.关于信息化条件下军队内部审计创新的思考[J].现代商业(32):255-256.

Adams B S, Cummins M, Estrada V, et al., 2012. The NMC Horizon Report:2012 Museum Edition[R].

Adams E, 2009. Fundamentals of Game Design[M]. New Riders Publishing.

Anderson C, 2012. Makers:The New Industrial Revolution[M]. New York:Crown Business.

Attali Y, Arieli-Attali M, 2015. Gamification in assessment:Do points affect test performance? [J]. Computers & Education,83:57-63.

Barrio C M, Muñoz-Organero M, Soriano J S, 2015. Can gamification improve the benefits of student response systems in learning? An experimental study[J]. IEEE Transactions on Emerging Topics in Computing,4(3):429-438.

Barrio C M, Organero M M, & Sánchez-Soriano J, 2016. Gamifying the classroom:An example with the TV-game "Who want to be a millionaire?"[C]// Inted Conference.

Brahms L, 2014. Making as a learning process:Identifying and supporting family learning in informal settings[D]. University of Pittsburgh.

Caton H, Greenhill D, 2014. Rewards and penalties:A gamification approach for increasing attendance and engagement in an undergraduate computing module [J]. International Journal of Game-Based Learning (IJGBL)，4(3)：1-12.

Chiou W C，Lin C C，Perng C，2010. A strategic framework for website evaluation based on a review of the literature from 1995—2006[J]. Information & Management，47(5-6)：282-290.

Csikszentmihalyi M，2008. Flow：The Psychology of Optimal Experience[M]. New York：Harper Perennial Modern Classics.

D'Alba A，Jones G，2013. Analyzing the effects of a 3D online virtual museum in visitors' discourse，attitudes，preferences，and knowledge acquisition[M]//Cases on 3D Technology Application and Integration in Education. IGI Global：26-47.

Deci E L，Koestner R，Ryan R M，2001. Extrinsic rewards and intrinsic motivation in education：Reconsidered once again[J]. Review of educational research，71(1)：1-27.

Deci E L，Ryan R M，2000. The "what" and "why" of goal pursuits：Human needs and the self-determination of behavior[J]. Psychological inquiry，11(4)：227-268.

De-Marcos L，Domínguez A，Saenz-de-Navarrete J，et al.，2014. An empirical study comparing gamification and social networking on e-learning [J]. Computers & Education，75：82-91.

Denny P，2013. The effect of virtual achievements on student engagement [C]//Proceedings of the SIGCHI Conference on Human Factors in Computing Systems. ACM：763-772.

Deterding S，Sicart M，Nacke L，et al，2011. Gamification：Using game-design elements in non-gaming contexts [C]//CHI'11 extended abstracts on human factors in computing systems. ACM：2425-2428.

Dias，Joana，2017. Teaching operations research to undergraduate management students：The role of gamification[J]. International Journal of Mangement Education，15(1)：98-111.

Domínguez，Adrián，Saenz-De-Navarrete，J．，De-Marcos，L．，et al. 2013. Gamifying learning experiences：Practical implications and outcomes[J]. Computers & Education，63：380-392.

Donald J G，1991. The measurement of learning in the museum[J]. Canadian Journal of Education，16(3)：371-382.

Ecker D W，1963. The artistic process as qualitative problem solving [J]. The Journal of Aesthetics and Art Criticism，21(3)：283-290.

Egenfeldt-Nielsen S，2011. Beyond Edutainment：Exploring the Educational Potential of Computer Games[M]. Lulu. com.

Espejo R，1990. The viable system model[J]. Systemic Practice and Action Research，3(3)：219-221.

Falk J H，Dierking L D，2004. The contextual model of learning [M].//Anderson G. Reinventing the Museum：Historical and Contemporary Perspectives on the Paradigm Shift. Walnut Creek，CA：AltaMira Press：139-142.

Fallon C，Brown S．，2002. E-learning Standards：a Guide to Purchasing，Developing，and Deploying Standards-conformant E-learning [M]. CRC Press.

Filsecker M，Hickey D T，2014. A multilevel analysis of the effects of external rewards on elementary students' motivation，engagement and learning in an educational game[J]. Computers & Education，75：136-148.

Gutwill J P，Allen S，2012. Deepening students' scientific inquiry skills during a science museum field trip[J]. Journal of the Learning Sciences，21(1)：130-181.

Hakulinen L，Auvinen T，Korhonen A. Empirical study on the effect of achievement badges in TRAKLA2 online learning environment[C]// 2013 Learning and Teaching in Computing and Engineering. IEEE，2013：47-54.

Halverson E R，Sheridan K，2014. The maker movement in education [J]. Harvard Educational Review，84(4)：495-504.

Hanus M D, Fox J, 2015. Assessing the effects of gamification in the classroom: A longitudinal study on intrinsic motivation, social comparison, satisfaction, effort, and academic performance [J]. Computers & Education, 80: 152-161.

Hew K F, Huang B, Chu K W S, et al., 2016. Engaging Asian students through game mechanics: Findings from two experiment studies [J]. Computers & Education, 92: 221-236.

Hill J R, Hannafin M J, 1997. Cognitive strategies and learning from the World Wide Web [J]. Educational Technology Research and Development, 45(4): 37-64.

Huang B, Hew K F, 2018. Implementing a theory-driven gamification model in higher education flipped courses: Effects on out-of-class activity completion and quality of artifacts[J]. Computers & Education, 125: 254-272.

Hunicke R, LeBlanc M, Zubek R, 2004. MDA: A formal approach to game design and game research[C]//Proceedings of the AAAI Workshop on Challenges in Game AI, 4(1): 1722.

Johnson L, Becker S A, Estrada V, et al., 2015. NMC horizon report: 2015 museum edition[R]. The New Media Consortium.

Joyce A, 2006. OECD study of OER: Forum report[EB/OL][2011-03-25]. http://oerwiki. iiep. unesco. orglimages/e/ealOecforum_report. pdf.

Kabassi K, 2017. Evaluating websites of museums: State of the art [J]. Journal of Cultural Heritage, 24: 184-196.

Kock N, 2000. Information overload and worker performance: a process-centered view[J]. Knowledge and Process Management, 7(4): 256-264.

Kuo M S, Chuang T Y, 2016. How gamification motivates visits and engagement for online academic dissemination-An empirical study [J]. Computers in Human Behavior, 55: 16-27.

Li W, Grossman T, Fitzmaurice G, 2012. GamiCAD: A gamified

tutorial system for first time Autocad users[C]//Proceedings of the 25th Annual ACM Symposium on User Interface Software and Technology. ACM: 103-112.

Ming Z, 2010. Discussion on training of information organizational ability and information innovative method [C]//2010 International Conference on Future Information Technology and Management Engineering. IEEE, 3: 89-91.

Ministerial Council on Education, Employment, Training and Youth Affairs (MCEETYA), 2008. Learning Spaces Framework: Learning in an Online World[R]. ERIC Clearinghouse.

Nicholson S, 2012. A user-centered theoretical framework for meaningful gamification[C]//GamesLearningSociety 8.0, Madison, WI.

OECD, 2007. Giving knowledge for free: The emergence of open educational resources [EB/OL] [2019-05-04]. http://www. oecd. org/ education/ceri/38654317. pdf,2019-5-4.

Phipps R, Merisotis J, 2000. Quality on the line: Benchmarks for success in Internet-based distance education[R]. Washington, DC: The Institute for Higher Eduction Policy.

Pirker J, Gütl C, Belcher J W, et al. , 2013. Design and evaluation of a learner-centric immersive virtual learning environment for physics education[C]//International Conference on Human Factors in Computing and Informatics. Springer, Berlin, Heidelberg:551-561.

Polanyi M, 1959. The Study of Man[M]. Chicago, IL: University of Chicago Press.

Radcliffe D, 2009. A pedagogy-space-technology(PST) framework for designing and evaluating learning places[C]//Learning Spaces in Higher Education: Positive Outcomes by Design. Proceedings of the Next Generation Learning Spaces 2008 Colloquium, University of Queensland, Brisbane:11-16.

Radcliffe D, Wilson H, Powell D, et al. , 2008. Designing next generation places of learning: Collaboration at the pedagogy-space-technology nexus[OB/OL][2008-12-1]. http://citeseerx. ist. psu. edu/viewdoc/download? doi=10. 1. 1. 215. 788&rep=rep1&type=pdf. The University of Queensland.

Reushle S, 2006. A framework for designing higher education e-learning environments[C]//E-Learn: World Conference on E-Learning in Corporate, Government, Healthcare, and Higher Education. Association for the Advancement of Computing in Education (AACE):1405-1412.

Reynolds R, Walker K, Speight C, 2010. Web-based museum trails on PDAs for university-level design students: Design and evaluation[J]. Computers & Education, 55(3): 994-1003.

Rhee B, Choi Y, 2015. Using mobile technology for enhancing museum experience: case studies of museum mobile application in R. O. Korea [J]. International Journal of Multimedia and Ubiquitous Engineering, 10 (6): 39-44.

Sternig C, Spitzer M, Ebner M, 2018. Learning in a virtual environment: Implementation and evaluation of a VR math-game[M]// Virtual and Augmented Reality: Concepts, Methodologies, Tools, and Applications. IGI Global:1288-1312.

Styliani S, Fotis L, Kostas K, et al, 2009. Virtual museums: a survey and some issues for consideration[J]. Journal of Cultural Heritage, 10(4): 520-528.

Vartiainen H, Liljeström A, Enkenberg J, 2012. Design-oriented pedagogy for technology-enhanced learning to cross over the borders between formal and informal environments [J]. J. UCS, 18 (15): 2097-2119.

Villagrasa S, Fonseca D, Durán J, 2014. Teaching case: Applying gamification techniques and virtual reality for learning building engineering 3D arts [C]//Proceedings of the Second International Conference on Technological Ecosystems for Enhancing Multiculturality. ACM, New

York，USA：171-177.

Werbach K，Hunter D，2012. For the Win：How Game Thinking Can Revolutionize Your Business[M]. Wharton Digital Press.

Yiannoutsou N，Papadimitriou I，Komis V，et al，2009. Playing with museum exhibits：designing educational games mediated by mobile technology [C]//Proceedings of the 8th International Conference on Interaction Design and Children，ACM，New York，USA：230-233.

Zhao J，2012. Designing virtual museum using Web 3D technology [J]. Physics Procedia，33：1596-1602.

Zicher mann G，Cunningham C，2011. Gamification by Design：Implementing Game Mechanics in Web and Mobile Apps[M]. California O'Reilly Media，Inc.

图书在版编目（CIP）数据

虚实融合的场馆学习与文化传承／郭玉清，杨玉辉，
苏建元著．—杭州：浙江大学出版社，2019.7
ISBN 978-7-308-19373-3

Ⅰ.①虚…　Ⅱ.①郭…　②杨…　③苏…　Ⅲ.①博物馆—
社会教育—研究　Ⅳ.①G266

中国版本图书馆 CIP 数据核字（2019）第 164125 号

虚实融合的场馆学习与文化传承

郭玉清　杨玉辉　苏建元　著

责任编辑	王　晴
责任校对	仲亚萍
封面设计	海　海
出版发行	浙江大学出版社
	（杭州市天目山路 148 号　邮政编码 310007）
	（网址：http://www.zjupress.com）
排　　版	浙江时代出版服务有限公司
印　　刷	浙江海虹彩色印务有限公司
开　　本	710mm×1000mm　1/16
印　　张	11.25
字　　数	200 千
版 印 次	2019 年 7 月第 1 版　2019 年 7 月第 1 次印刷
书　　号	ISBN 978-7-308-19373-3
定　　价	48.00 元